TRANZLATY

Sprache ist für alle da

اللغة للجميع

Das Kommunistische Manifest

البيان الشيوعي

Karl Marx
&
Friedrich Engels

Deutsch / العربية

Published by Tranzlaty
ISBN: 978-1-80572-321-9
Original text by Karl Marx and Friedrich Engels
The Communist Manifesto
First published in 1848
www.tranzlaty.com

Einleitung
مقدمة

Ein Gespenst geht um in Europa – das Gespenst des Kommunismus

شبح يطارد أوروبا ـ شبح الشيوعية

Alle Mächte des alten Europa sind eine heilige Allianz eingegangen, um dieses Gespenst auszutreiben

دخلت جميع قوى أوروبا القديمة في تحالف مقدس لطرد هذا الشبح.

Papst und Zaren, Metternich und Guizot, französische Radikale und deutsche Polizeispione

البابا والقيصر ، مترنيخ وجيزو ، الراديكاليون الفرنسيون وجواسيس الشرطة الألمانية

Wo ist die Oppositionspartei, die von ihren Gegnern an der Macht nicht als kommunistisch verschrien wurde?

أين هو الحزب المعارض الذي لم يتم شجبه على أنه شيوعي من قبل خصومه في السلطة؟

Wo ist die Opposition, die nicht den Brandvorwurf des Kommunismus gegen die fortgeschritteneren Oppositionsparteien zurückgeschleudert hat?

أين هي المعارضة التي لم تتخلص من اللوم الشيوعي ضد أحزاب المعارضة الأكثر تقدماً؟

Und wo ist die Partei, die den Vorwurf nicht gegen ihre reaktionären Gegner erhoben hat?

وأين هو الحزب الذي لم يوجه الاتهام إلى خصومه الرجعيين؟

Aus dieser Tatsache ergeben sich zweierlei

هناك أمران ينتج عن هذه الحقيقة

I. Der Kommunismus wird bereits von allen europäischen Mächten als eine Macht anerkannt

الشيوعية معترف بها بالفعل من قبل جميع القوى الأوروبية لتكون هي نفسها قوة

II. Es ist höchste Zeit, dass die Kommunisten ihre Ansichten, Ziele und Tendenzen offen vor der ganzen Welt offenlegen

لقد حان الوقت لأن ينشر الشيوعيون علانية ، في مواجهة العالم بأسره وجهات نظرهم وأهدافهم وميولهم،

sie müssen diesem Kindermärchen vom Gespenst des Kommunismus mit einem Manifest der Partei selbst begegnen

يجب أن يقابلوا هذه الحكاية الحاضنة لشبح الشيوعية ببيان للحزب نفسه

Zu diesem Zweck haben sich Kommunisten verschiedener Nationalitäten in London versammelt und folgendes Manifest entworfen

تحقيقا لهذه الغاية ، اجتمع الشيوعيون من مختلف الجنسيات في لندن ورسموا البيان التالي

Dieses Manifest wird in deutscher, englischer, französischer, italienischer, flämischer und dänischer Sprache veröffentlicht

ينشر هذا البيان باللغات الإنجليزية والفرنسية والألمانية والإيطالية والفلمنكية والدنماركية

Und jetzt soll es in allen Sprachen veröffentlicht werden, die Tranzlaty anbietet

Tranzlaty والآن سيتم نشره بجميع اللغات التي تقدمها

Bourgeois und Proletarier

البرجوازية والبروليتاريون

Die Geschichte aller bisherigen Gesellschaften ist die Geschichte der Klassenkämpfe

تاريخ جميع المجتمعات القائمة حتى الآن هو تاريخ الصراعات الطبقية

Freier und Sklave, Patrizier und Plebejer, Herr und Leibeigener, Zunftmeister und Geselle

حر وعبد ، أرستقراطي وعام ، سيد وقنان ، سيد نقابة ورجل رحلة

mit einem Wort, Unterdrücker und Unterdrückte

في كلمة واحدة ، ظالم ومظلوم

Diese sozialen Klassen standen in ständiger Opposition zueinander

وقفت هذه الطبقات الاجتماعية في معارضة دائمة لبعضها البعض

Sie führten einen ununterbrochenen Kampf. Jetzt versteckt, jetzt offen

واصلوا قتالا متواصلامخفي الآن ، مفتوح الآن

Ein Kampf, der entweder in einer revolutionären Rekonstitution der Gesellschaft als Ganzes endete

معركة انتهت إما بإعادة تشكيل ثوري للمجتمع ككل

oder ein Kampf, der im gemeinsamen Ruin der streitenden Klassen endete

أو معركة انتهت بالخراب المشترك للطبقات المتنافسة

Blicken wir zurück auf die früheren Epochen der Geschichte

دعونا ننظر إلى الوراء إلى العصور السابقة من التاريخ

Wir finden fast überall eine komplizierte Einteilung der Gesellschaft in verschiedene Ordnungen

نجد في كل مكان تقريبا ترتيبا معقدا للمجتمع في أوامر مختلفة

Es gab schon immer eine mannigfaltige Abstufung des sozialen Ranges

كان هناك دائما تدرج متعدد للرتبة الاجتماعية

Im alten Rom gibt es Patrizier, Ritter, Plebejer, Sklaven

في روما القديمة لدينا الأرستقراطيين والفرسان والعامة والعبيد

im Mittelalter: Feudalherren, Vasallen, Zunftmeister, Gesellen, Lehrlinge, Leibeigene

في العصور الوسطى :اللوردات الإقطاعيون ، التابعون ، سادة النقابات الرحالة ، المتدربون ، الأقنان ،

In fast allen diesen Klassen sind wiederum untergeordnete Abstufungen

في جميع هذه الفئات تقريبا ، مرة أخرى ، التدرجات الثانوية

Die moderne Bourgeoisie Gesellschaft ist aus den Trümmern der feudalen Gesellschaft hervorgegangen

لقد نبت المجتمع البرجوازي الحديث من أنقاض المجتمع الإقطاعي

Aber diese neue Gesellschaftsordnung hat die Klassengegensätze nicht beseitigt

لكن هذا النظام الاجتماعي الجديد لم يتخلص من العداوات الطبقية.

Sie hat nur neue Klassen und neue Unterdrückungsbedingungen geschaffen

لكنها أنشأت طبقات جديدة وظروفا جديدة من الاضطهاد.

Sie hat neue Formen des Kampfes an die Stelle der alten gesetzt

لقد أنشأت أشكالا جديدة من النضال بدلا من الأشكال القديمة

Die Epoche, in der wir uns befinden, weist jedoch eine Besonderheit auf

ومع ذلك ، فإن الحقبة التي نجد أنفسنا فيها تمتلك سمة مميزة واحدة

die Epoche der Bourgeoisie hat die Klassengegensätze vereinfacht

لقد بسط عصر البرجوازية التناقضات الطبقية

Die Gesellschaft als Ganzes spaltet sich mehr und mehr in zwei große feindliche Lager

المجتمع ككل ينقسم أكثر فأكثر إلى معسكرين معاديين كبيرين

zwei große soziale Klassen, die sich direkt gegenüberstehen: Bourgeoisie und Proletariat

طبقتان اجتماعيتان كبيرتان تواجهان بعضهما البعض مباشرة :البرجوازية والبروليتاريا

Aus den Leibeigenen des Mittelalters gingen die Bürger der ersten Städte hervor

من أقنان العصور الوسطى نشأ البرغر المستأجرون في المدن الأولى

Aus diesen Bürgern entwickelten sich die ersten Elemente der Bourgeoisie

من هذه البرجيس تم تطوير العناصر الأولى للبرجوازية

Die Entdeckung Amerikas und die Umrundung des Kaps

اكتشاف أمريكا وتقريب كيب

diese Ereignisse eröffneten der aufstrebenden Bourgeoisie
neues Terrain

فتحت هذه الأحداث آفاقا جديدة للبرجوازية الصاعدة

Die ostindischen und chinesischen Märkte, die
Kolonisierung Amerikas, der Handel mit den Kolonien

الأسواق الهندية الشرقية والصينية ، استعمار أمريكا ، التجارة مع
المستعمرات

die Vermehrung der Tauschmittel und der Waren überhaupt

الزيادة في وسائل التبادل وفي السلع بشكل عام

Diese Ereignisse gaben dem Handel, der Schiffahrt und der
Industrie einen nie gekannten Impuls

أعطت هذه الأحداث للتجارة والملاحة والصناعة دفعة لم تكن معروفة من
قبل

Sie gab dem revolutionären Element in der wankenden
feudalen Gesellschaft eine rasche Entwicklung

أعطت تطورا سريعا للعنصر الثوري في المجتمع الإقطاعي المترنح

Geschlossene Zünfte hatten das feudale System der
industriellen Produktion monopolisiert

احتكرت النقابات المغلقة النظام الإقطاعي للإنتاج الصناعي

Doch das reichte den wachsenden Bedürfnissen der neuen
Märkte nicht mehr aus

لكن هذا لم يعد كافيا للاحتياجات المتزايدة للأسواق الجديدة

Das Manufaktursystem trat an die Stelle des feudalen
Systems der Industrie

حل نظام التصنيع محل النظام الإقطاعي للصناعة

Die Zunftmeister wurden vom produzierenden Bürgertum
auf die Seite gedrängt

تم دفع سادة النقابة على جانب واحد من قبل الطبقة الوسطى الصناعية

Die Arbeitsteilung zwischen den verschiedenen
korporativen Innungen verschwand

اختفى تقسيم العمل بين نقابات الشركات المختلفة

Die Arbeitsteilung durchdrang jede einzelne Werkstatt

اخترق تقسيم العمل كل ورشة عمل واحدة

In der Zwischenzeit wuchsen die Märkte immer weiter und
die Nachfrage stieg immer weiter

في غضون ذلك ، استمرت الأسواق في النمو ، والطلب في ارتفاع مستمر

Selbst Fabriken reichten nicht mehr aus, um den Anforderungen gerecht zu werden

حتى المصانع لم تعد كافية لتلبية الطلبات

Daraufhin revolutionierten Dampf und Maschinen die industrielle Produktion

بعد ذلك ، أحدث البخار والآلات ثورة في الإنتاج الصناعي

An die Stelle der Manufaktur trat der Riese, die moderne Industrie

تم أخذ مكان التصنيع من قبل الصناعية الحديثة العملاقة

An die Stelle des industriellen Mittelstandes traten industrielle Millionäre

تم أخذ مكان الطبقة الوسطى الصناعية من قبل أصحاب الملايين الصناعيين

an die Stelle der Führer ganzer Industriearmeen trat die moderne Bourgeoisie

تم أخذ مكان قادة الجيوش الصناعية بأكملها من قبل البرجوازية الحديثة

die Entdeckung Amerikas ebnete der modernen Industrie den Weg zur Etablierung des Weltmarktes

اكتشاف أمريكا مهد الطريق للصناعة الحديثة لتأسيس السوق العالمية

Dieser Markt gab dem Handel, der Schifffahrt und der Kommunikation auf dem Landweg eine ungeheure Entwicklung

أعطى هذا السوق تطورا هائلا للتجارة والملاحة والاتصالات عن طريق البر

Diese Entwicklung hat seinerzeit auf die Ausdehnung der Industrie reagiert

وقد تفاعل هذا التطور ، في وقته ، مع امتداد الصناعة

Sie reagierte in dem Maße, wie sich die Industrie ausbreitete, und wie sich Handel, Schiffahrt und Eisenbahn ausdehnten

كان رد فعلها متناسبا مع كيفية توسع الصناعة ، وكيف امتدت التجارة والملاحة والسكك الحديدية

in demselben Maße, in dem sich die Bourgeoisie entwickelte, vermehrte sie ihr Kapital

بنفس النسبة التي طورتها البرجوازية ، زادوا رؤوس أموالهم

und das Bourgeoisie drängte jede aus dem Mittelalter
überlieferte Klasse in den Hintergrund

ودفعت البرجوازية إلى الخلفية كل طبقة متوارثة من العصور الوسطى

daher ist die moderne Bourgeoisie selbst das Produkt eines
langen Entwicklungsganges

لذلك فإن البرجوازية الحديثة هي نفسها نتاج مسار طويل من التطور

Wir sehen, dass es sich um eine Reihe von Revolutionen in
der Produktions- und Tauschweise handelt

نرى أنها سلسلة من الثورات في أنماط الإنتاج والتبادل

Jeder Schritt der Bourgeoisie Entwicklung ging mit einem
entsprechenden politischen Fortschritt einher

رافق كل خطوة برجوازية تنموية تقدم سياسي مقابل

Eine unterdrückte Klasse unter der Herrschaft des feudalen
Adels

طبقة مضطهدة تحت سيطرة النبلاء الإقطاعيين

ein bewaffneter und selbstverwalteter Verein in der
mittelalterlichen Kommune

جمعية مسلحة وذاتية الحكم في بلدية العصور الوسطى

hier eine unabhängige Stadtrepublik (wie in Italien und
Deutschland)

هنا ، جمهورية حضرية مستقلة (كما هو الحال في إيطاليا وألمانيا)

dort ein steuerpflichtiger "dritter Stand" der Monarchie (wie
in Frankreich)

هناك ، "عقار ثالث "خاضع للضريبة من النظام الملكي)كما هو الحال في
(فرنسا

Danach, in der Zeit der eigentlichen Herstellung

بعد ذلك ، في فترة الصنع المناسبة

die Bourgeoisie diente entweder der halbfeudalen oder der
absoluten Monarchie

خدمت البرجوازية إما الملكية شبه الإقطاعية أو الملكية المطلقة

oder die Bourgeoisie fungierte als Gegengewicht zum Adel

أو عملت البرجوازية كموازنة مضادة ضد النبلاء

und in der Tat war die Bourgeoisie ein Eckpfeiler der großen
Monarchien überhaupt

وفي الواقع ، كانت البرجوازية حجر الزاوية في الملكيات الكبرى بشكل
عام

aber die moderne Industrie und der Weltmarkt haben sich seitdem etabliert

لكن الصناعة الحديثة والسوق العالمية رسخت نفسها منذ ذلك الحين

und die Bourgeoisie hat sich die ausschließliche politische Herrschaft erobert

وقد غزت البرجوازية لنفسها نفوذا سياسيا حصريا

sie erreichte diese politische Herrschaft durch den modernen repräsentativen Staat

حققت هذا النفوذ السياسي من خلال الدولة التمثيلية الحديثة

Die Exekutive des modernen Staates ist nichts anderes als ein Verwaltungskomitee

إن المديرين التنفيذيين للدولة الحديثة ليسوا سوى لجنة إدارية

und sie leiten die gemeinsamen Angelegenheiten der gesamten Bourgeoisie

ويديرون الشؤون المشتركة للبرجوازية بأسرها.

Die Bourgeoisie hat historisch gesehen eine höchst revolutionäre Rolle gespielt

لعبت البرجوازية ، تاريخيا ، دورا ثوريا

Wo immer sie die Oberhand gewann, machte sie allen feudalen, patriarchalischen und idyllischen Verhältnissen ein Ende

أينما كانت له اليد العليا ، فقد وضع حدا لجميع العلاقات الإقطاعية والأبوية والشاعرية.

Sie hat erbarmungslos die bunten feudalen Bande zerrissen, die den Menschen an seine "natürlichen Vorgesetzten" banden

لقد مزقت بلا شفقة الروابط الإقطاعية المتنافرة التي ربطت الإنسان ب "رؤسائه الطبيعيين"

Und es ist kein Nexus zwischen Mensch und Mensch übrig geblieben, außer nacktem Eigeninteresse

ولم تترك أي صلة بين الإنسان والإنسان ، بخلاف المصلحة الذاتية المجردة

Die Beziehungen der Menschen zueinander sind zu nichts anderem geworden als zu einer gefühllosen "Geldzahlung"

"أصبحت علاقات الإنسان مع بعضها البعض ليست أكثر من "دفع نقدي قاس

Sie hat die himmlischsten Ekstasen religiöser Inbrunst
ertränkt

لقد أغرقت أكثر النشوة السماوية من الحماسة الدينية

sie hat ritterlichen Enthusiasmus und philiströsen
Sentimentalismus übertönt

لقد أغرقت الحماس الشهم والعاطفة الفلسطينية

Sie hat diese Dinge im eisigen Wasser des egoistischen
Kalküls ertränkt

لقد أغرقت هذه الأشياء في المياه الجليدية للحساب الأناني

Sie hat den persönlichen Wert in Tauschwert aufgelöst

لقد حلت القيمة الشخصية إلى قيمة قابلة للاستبدال

Sie hat die zahllosen und unveräußerlichen verbrieften
Freiheiten ersetzt

لقد حلت محل الحريات المستأجرة التي لا تعد ولا تحصى ولا يمكن
التخلص منها

und sie hat eine einzige, skrupellose Freiheit geschaffen;
Freihandel

وأقامت حرية واحدة غير معقولة.التجارة الحرة

Mit einem Wort, sie hat dies für die Ausbeutung getan

في كلمة واحدة ، لقد فعلت ذلك للاستغلال

Ausbeutung, verschleiert durch religiöse und politische
Illusionen

استغلال محجوب بالأوهام الدينية والسياسية

Ausbeutung verschleiert durch nackte, schamlose, direkte,
brutale Ausbeutung

استغلال محجوب باستغلال عار ووقح ومباشر ووحشي

die Bourgeoisie hat den Heiligenschein von jedem zuvor
geehrten und verehrten Beruf abgestreift

لقد جردت البرجوازية الهالة من كل احتلال تم تكريمه وتبجيله سابقا

der Arzt, der Advokat, der Priester, der Dichter und der
Mann der Wissenschaft

الطبيب والمحامي والكاهن والشاعر ورجل العلم

Sie hat diese ausgezeichneten Arbeiter in ihre bezahlten
Lohnarbeiter verwandelt

لقد حولت هؤلاء العمال المتميزين إلى عمالها بأجر

Die Bourgeoisie hat der Familie den sentimentalen Schleier weggerissen

لقد مزقت البرجوازية الحجاب العاطفي بعيدا عن الأسرة

Und sie hat das Familienverhältnis auf ein bloßes Geldverhältnis reduziert

وقد اختزلت العلاقة الأسرية إلى مجرد علاقة مالية .

die brutale Zurschaustellung der Kraft im Mittelalter, die die Reaktionäre so sehr bewundern

العرض الوحشي للقوة في العصور الوسطى التي يعجب بها الرجعيون كثيرا

Auch diese fand ihre passende Ergänzung in der trägesten Trägheit

حتى هذا وجد مكمله المناسب في الكسل الأكثر كسلا

Die Bourgeoisie hat enthüllt, wie es dazu gekommen ist

لقد كشفت البرجوازية كيف حدث كل هذا

Die Bourgeoisie war die erste, die gezeigt hat, was die Tätigkeit des Menschen bewirken kann

كانت البرجوازية أول من أظهر ما يمكن أن يحققه نشاط الإنسان

Sie hat Wunder vollbracht, die ägyptische Pyramiden, römische Aquädukte und gotische Kathedralen bei weitem übertreffen

لقد أنجزت عجائب تفوق بكثير الأهرامات المصرية والقنوات الرومانية والكاتدرائيات القوطية

und sie hat Expeditionen durchgeführt, die alle früheren Auszüge von Nationen und Kreuzzügen in den Schatten stellten

وقد أجرت حملات وضعت في الظل جميع هجرات الأمم والحروب الصليبية السابقة

Die Bourgeoisie kann nicht existieren, ohne die Produktionsmittel ständig zu revolutionieren

لا يمكن للبرجوازية أن توجد دون إحداث ثورة مستمرة في أدوات الإنتاج

und damit kann sie nicht ohne ihre Beziehungen zur Produktion existieren

وبالتالي لا يمكن أن توجد بدون علاقاتها بالإنتاج

und deshalb kann sie nicht ohne ihre Beziehungen zur Gesellschaft existieren

وبالتالي لا يمكن أن توجد بدون علاقاتها بالمجتمع

Alle früheren Industrieklassen hatten eine Bedingung gemeinsam

كان لدى جميع الفئات الصناعية السابقة شرط واحد مشترك

Sie setzten auf die Bewahrung der alten Produktionsweisen

اعتمدوا على الحفاظ على أنماط الإنتاج القديمة

aber die Bourgeoisie brachte eine völlig neue Dynamik mit sich

لكن البرجوازية جلبت معها ديناميكية جديدة تماما.

Ständige Revolutionierung der Produktion und ununterbrochene Störung aller gesellschaftlichen Verhältnisse

ثورة مستمرة في الإنتاج واضطراب مستمر لجميع الظروف الاجتماعية

diese immerwährende Unsicherheit und Unruhe unterscheidet die Epoche der Bourgeoisie von allen früheren

هذا الغموض والهياج الأبدي يميز عصر البرجوازية عن جميع الحقبة السابقة.

Die bisherigen Beziehungen zur Produktion waren mit alten und ehrwürdigen Vorurteilen und Meinungen verbunden

جاءت العلاقات السابقة مع الإنتاج مع التحيزات والآراء القديمة والموقرة

Aber all diese festgefahrenen, eingefrorenen Beziehungen werden hinweggefegt

لكن كل هذه العلاقات الثابتة والمجمدة بسرعة قد جرفت

Alle neu gebildeten Verhältnisse werden antiquiert, bevor sie erstarren können

تصبح جميع العلاقات الجديدة قديمة قبل أن تتحجر

Alles, was fest ist, zerschmilzt in Luft, und alles, was heilig ist, wird entweiht

كل ما هو صلب يذوب في الهواء ، وكل ما هو مقدس يدنس

Der Mensch ist endlich gezwungen, mit nüchternen Sinnen seinen wirklichen Lebensbedingungen ins Auge zu sehen

يضطر الإنسان أخيرا إلى مواجهة حواسه الرصينة ، ظروف حياته الحقيقية

und er ist gezwungen, sich seinen Beziehungen zu seinesgleichen zu stellen

وهو مضطر لمواجهة علاقاته مع نوعه

Die Bourgeoisie muss ständig ihre Märkte für ihre Produkte erweitern

تحتاج البرجوازية باستمرار إلى توسيع أسواقها لمنتجاتها

und deshalb wird die Bourgeoisie über die ganze Erdoberfläche gejagt

وبسبب هذا ، يتم مطاردة البرجوازية على كامل سطح الكرة الأرضية

Die Bourgeoisie muss sich überall einnisten, sich überall niederlassen, überall Verbindungen herstellen

، يجب على البرجوازية أن تعشش في كل مكان ، وتستقر في كل مكان وتقيم روابط في كل مكان

Die Bourgeoisie muss in jedem Winkel der Welt Märkte schaffen, um sie auszubeuten

يجب على البرجوازية إنشاء أسواق في كل ركن من أركان العالم لاستغلالها

Die Produktion und der Konsum in jedem Land haben einen kosmopolitischen Charakter erhalten

لقد تم إعطاء الإنتاج والاستهلاك في كل بلد طابعا عالميا

der Verdruss der Reaktionäre ist mit Händen zu greifen, aber er hat sich trotzdem fortgesetzt

استياء الرجعيين واضح ، لكنه استمر بغض النظر عن

Die Bourgeoisie hat der Industrie den nationalen Boden, auf dem sie stand, unter den Füßen weggezogen

لقد استمدت البرجوازية من تحت أقدام الصناعة الأرضية الوطنية التي وقفت عليها

Alle alteingesessenen nationalen Industrien sind zerstört worden oder werden täglich zerstört

تم تدمير جميع الصناعات الوطنية القديمة ، أو يتم تدميرها يوميا

Alle alteingesessenen nationalen Industrien werden durch neue Industrien verdrängt

يتم إزاحة جميع الصناعات الوطنية القديمة من قبل الصناعات الجديدة

Ihre Einführung wird zu einer Frage von Leben und Tod für alle zivilisierten Völker

يصبح إدخالها مسألة حياة أو موت لجميع الأمم المتحضرة

Sie werden von Industrien verdrängt, die keine heimischen Rohstoffe mehr verarbeiten

يتم إزاحتهم من قبل الصناعات التي لم تعد تعمل في المواد الخام الأصلية

Stattdessen beziehen diese Industrien Rohstoffe aus den
entlegensten Zonen

بدلا من ذلك ، تقوم هذه الصناعات بسحب المواد الخام من المناطق النائية

Industrien, deren Produkte nicht nur zu Hause, sondern in
allen Teilen der Welt konsumiert werden

الصناعات التي يتم استهلاك منتجاتها ، ليس فقط في المنزل ، ولكن في كل
ربع من العالم

An die Stelle der alten Bedürfnisse, die durch die
Erzeugnisse des Landes befriedigt werden, treten neue
Bedürfnisse

بدلا من الرغبات القديمة ، التي ترضيها إنتاجات البلد ، نجد رغبات جديدة

Diese neuen Bedürfnisse bedürfen zu ihrer Befriedigung
der Produkte aus fernen Ländern und Klimazonen

هذه الرغبات الجديدة تتطلب لإشباعها منتجات الأراضي والمناخات البعيدة

An die Stelle der alten lokalen und nationalen
Abgeschiedenheit und Selbstversorgung tritt der Handel

بدلا من العزلة المحلية والوطنية القديمة والاكتفاء الذاتي ، لدينا تجارة

internationaler Austausch in alle Richtungen; universelle
Interdependenz der Nationen

التبادل الدولي في كل اتجاه ؛ الترابط العالمي بين الأمم

Und so wie wir von Materialien abhängig sind, so sind wir
von der intellektuellen Produktion abhängig

وكما أننا نعتمد على المواد، كذلك نحن نعتمد على الإنتاج الفكري.

Die geistigen Schöpfungen der einzelnen Nationen werden
zum Gemeingut

تصبح الإبداعات الفكرية للدول الفردية ملكية مشتركة

Nationale Einseitigkeit und Engstirnigkeit werden immer
unmöglicher

الانحياز الوطني وضيق الأفق يصبحان مستحيلين أكثر فأكثر

Und aus den zahlreichen nationalen und lokalen Literaturen
entsteht eine Weltliteratur

ومن العديد من الآداب الوطنية والمحلية ، ينشأ أدب عالمي

durch die rasche Verbesserung aller Produktionsmittel

من خلال التحسين السريع لجميع أدوات الإنتاج

durch die immens erleichterten Kommunikationsmittel

من خلال وسائل الاتصال الميسرة بشكل كبير

Die Bourgeoisie zieht alle (auch die barbarischsten Nationen) in die Zivilisation hinein

البرجوازية تجذب الجميع)حتى أكثر الأمم بربرية (إلى الحضارة

Die billigen Preise seiner Waren; die schwere Artillerie, die alle chinesischen Mauern niederreißt

الأسعار الرخيصة لسلعها. المدفعية الثقيلة التي تضرب جميع الجدران الصينية

Der hartnäckige Fremdenhass der Barbaren wird zur Kapitulation gezwungen

كراهية البرابرة العنيدة بشدة للأجانب مجبرة على الاستسلام

Sie zwingt alle Nationen, unter Androhung des Aussterbens, die Bourgeoisie Produktionsweise anzunehmen

إنه يجبر جميع الأمم ، تحت طائلة الانقراض ، على تبني نمط الإنتاج البرجوازي

Sie zwingt sie, das, was sie Zivilisation nennt, in ihre Mitte einzuführen

إنه يجبرهم على إدخال ما يسميه الحضارة في وسطهم

Die Bourgeoisie zwingt die Barbaren, selbst zur Bourgeoisie zu werden

البرجوازية تجبر البرابرة على أن يصبحوا برجوازيين بأنفسهم

mit einem Wort, die Bourgeoisie schafft sich eine Welt nach ihrem Bilde

باختصار ، تخلق البرجوازية عالما على صورتها الخاصة

Die Bourgeoisie hat das Land der Herrschaft der Städte unterworfen

أخضعت البرجوازية الريف لحكم المدن

Sie hat riesige Städte geschaffen und die Stadtbevölkerung stark vergrößert

لقد خلقت مدنا هائلة وزادت بشكل كبير من عدد سكان الحضر

Sie rettete einen beträchtlichen Teil der Bevölkerung vor der Idiotie des Landlebens

أنقذت جزءا كبيرا من السكان من حماقة الحياة الريفية

Aber sie hat die Menschen auf dem Lande von den Städten abhängig gemacht

لكنها جعلت أولئك الذين يعيشون في الريف يعتمدون على المدن.

Und ebenso hat sie die barbarischen Länder von den
zivilisierten abhängig gemacht

وبالمثل ، فقد جعلت الدول البربرية تعتمد على الدول المتحضرة

Bauernnationen gegen Völker der Bourgeoisie, Osten gegen
Westen

أمم الفلاحين على أمم البرجوازية والشرق على الغرب

Die Bourgeoisie beseitigt den zerstreuten Zustand der
Bevölkerung mehr und mehr

البرجوازية تتخلص أكثر فأكثر من حالة السكان المتناثرة

Sie hat die Produktion agglomeriert und das Eigentum in
wenigen Händen konzentriert

لديها إنتاج متكتل ، وركزت الممتلكات في أيدي قليلة

Die notwendige Konsequenz daraus war eine politische
Zentralisierung

وكانت النتيجة الضرورية لذلك هي المركزية السياسية.

Es gab unabhängige Nationen und lose miteinander
verbundene Provinzen

كانت هناك دول مستقلة ومقاطعات مترابطة بشكل فضفاض

Sie hatten getrennte Interessen, Gesetze, Regierungen und
Steuersysteme

كان لديهم مصالح وقوانين وحكومات وأنظمة ضريبية منفصلة

Aber sie sind zu einer Nation zusammengeschmolzen, mit
einer Regierung

لكنهم أصبحوا مجتمعين معا في أمة واحدة ، مع حكومة واحدة

Sie haben jetzt ein nationales Klasseninteresse, eine Grenze
und einen Zolltarif

لديهم الآن مصلحة طبقية وطنية واحدة ، وحدود واحدة ، وتعريفة جمركية
واحدة

Und dieses nationale Klasseninteresse ist unter einem
Gesetzbuch vereinigt

وهذه المصلحة الطبقية الوطنية موحدة تحت مدونة قانون واحدة

die Bourgeoisie hat während ihrer knapp hundertjährigen
Herrschaft viel erreicht

لقد حققت البرجوازية الكثير خلال حكمها النادر الذي دام مائة عام

massivere und kolossalere Produktivkräfte als alle
vorhergehenden Generationen zusammen

قوى إنتاجية أكثر ضخامة وهائلة من جميع الأجيال السابقة معا

Die Kräfte der Natur sind dem Willen des Menschen und
seiner Maschinerie unterworfen

تخضع قوى الطبيعة لإرادة الإنسان وآلياته

Die Chemie wird auf alle Industrieformen und
Landwirtschaftsformen angewendet

يتم تطبيق الكيمياء على جميع أشكال الصناعة وأنواع الزراعة

Dampfschiffahrt, Eisenbahnen, elektrische Telegraphen und
die Druckerpresse

الملاحة البخارية والسكك الحديدية والتلغراف الكهربائي والمطبعة

Rodung ganzer Kontinente für den Anbau, Kanalisierung
von Flüssen

تطهير قارات بأكملها للزراعة ، وقنوات الأنهار

ganze Populationen wurden aus dem Boden gezaubert und
an die Arbeit gebracht

لقد تم استحضار شعوب بأكملها من الأرض ووضعها في العمل

Welches frühere Jahrhundert hatte auch nur eine Ahnung
von dem, was entfesselt werden könnte?

ما هو القرن السابق الذي كان لديه حتى شعور مسبق بما يمكن إطلاقه؟

Wer hat vorausgesagt, dass solche Produktivkräfte im Schoß
der gesellschaftlichen Arbeit schlummern?

من توقع أن مثل هذه القوى المنتجة سبات في حضن العمل الاجتماعي؟

Wir sehen also, daß die Produktions- und Tauschmittel in
der feudalen Gesellschaft erzeugt wurden

نرى بعد ذلك أن وسائل الإنتاج والتبادل قد ولدت في المجتمع الإقطاعي

die Produktionsmittel, auf deren Grundlage sich die
Bourgeoisie aufbaute

وسائل الإنتاج التي بنت البرجوازية نفسها على أساسها

Auf einer bestimmten Stufe der Entwicklung dieser
Produktions- und Tauschmittel

في مرحلة معينة من تطور وسائل الإنتاج والتبادل هذه

die Bedingungen, unter denen die feudale Gesellschaft
produzierte und tauschte

الظروف التي أنتج فيها المجتمع الإقطاعي وتبادله

Die feudale Organisation der Landwirtschaft und des
verarbeitenden Gewerbes

التنظيم الإقطاعي للزراعة والصناعة التحويلية

Die feudalen Eigentumsverhältnisse waren mit den materiellen Verhältnissen nicht mehr vereinbar

لم تعد العلاقات الإقطاعية للملكية متوافقة مع الظروف المادية

Sie mussten gesprengt werden, also wurden sie auseinandergesprengt

كان لا بد من انفجارهم ، لذلك تم تفجيرهم

An ihre Stelle trat die freie Konkurrenz der Produktivkräfte

في مكانهم صعدت المنافسة الحرة من القوى المنتجة

Und sie wurden von einer ihr angepassten sozialen und politischen Verfassung begleitet

ورافقها دستور اجتماعي وسياسي يتكيف معها

und sie wurde begleitet von der ökonomischen und politischen Herrschaft der Bourgeoisie Klasse

ورافقه النفوذ الاقتصادي والسياسي للطبقة البرجوازية.

Eine ähnliche Bewegung vollzieht sich vor unseren eigenen Augen

حركة مماثلة تجري أمام أعيننا

Die moderne Bourgeoisie Gesellschaft mit ihren Produktions-, Tausch- und Eigentumsverhältnissen

المجتمع البرجوازي الحديث بعلاقات الإنتاج والتبادل والملكية

eine Gesellschaft, die so gigantische Produktions- und Tauschmittel heraufbeschworen hat

مجتمع استحضر مثل هذه الوسائل العملاقة للإنتاج والتبادل

Es ist wie der Zauberer, der die Mächte der Unterwelt heraufbeschworen hat

إنه مثل الساحر الذي استدعى قوى العالم السفلي

Aber er ist nicht mehr in der Lage, zu kontrollieren, was er in die Welt gebracht hat

لكنه لم يعد قادرا على السيطرة على ما جلبه إلى العالم

Viele Jahrzehnte lang war die vergangene Geschichte durch einen roten Faden miteinander verbunden

لعقد من الزمان ، كان التاريخ الماضي مرتبطا بخيط مشترك

Die Geschichte der Industrie und des Handels ist nichts anderes als die Geschichte der Revolten

لم يكن تاريخ الصناعة والتجارة سوى تاريخ الثورات

die Revolten der modernen Produktivkräfte gegen die
modernen Produktionsbedingungen

ثورات القوى المنتجة الحديثة ضد ظروف الإنتاج الحديثة

die Revolten der modernen Produktivkräfte gegen die
Eigentumsverhältnisse

ثورات القوى المنتجة الحديثة ضد علاقات الملكية

diese Eigentumsverhältnisse sind die Bedingungen für die
Existenz der Bourgeoisie

علاقات الملكية هذه هي شروط وجود البرجوازية

und die Existenz der Bourgeoisie bestimmt die Regeln der
Eigentumsverhältnisse

ووجود البرجوازية يحدد قواعد علاقات الملكية

Es genügt, die periodische Wiederkehr von Handelskrisen
zu erwähnen

يكفي أن نذكر العودة الدورية للأزمات التجارية

jede Handelskrise ist für die Bourgeoisie Gesellschaft
bedrohlicher als die letzte

كل أزمة تجارية تهدد المجتمع البرجوازي أكثر من سابقتها

In diesen Krisen wird ein großer Teil der bestehenden
Produkte vernichtet

في هذه الأزمات يتم تدمير جزء كبير من المنتجات الموجودة

Diese Krisen zerstören aber auch die zuvor geschaffenen
Produktivkräfte

لكن هذه الأزمات تدمر أيضا القوى المنتجة التي تم إنشاؤها سابقا.

In allen früheren Epochen wären diese Epidemien als
Absurdität erschienen

في جميع العصور السابقة ، كانت هذه الأوبئة تبدو سخيفة

denn diese Epidemien sind die kommerziellen Krisen der
Überproduktion

لأن هذه الأوبئة هي الأزمات التجارية للإفراط في الإنتاج

Die Gesellschaft befindet sich plötzlich wieder in einem
Zustand der momentanen Barbarei

يجد المجتمع نفسه فجأة في حالة من الهمجية اللحظية

als ob ein allgemeiner Verwüstungskrieg jede Möglichkeit
des Lebensunterhalts abgeschnitten hätte

كما لو أن حرب الدمار العالمية قد قطعت كل وسائل العيش

Industrie und Handel scheinen zerstört worden zu sein; Und
warum?

يبدو أن الصناعة والتجارة قد دمرت-ولماذا؟

Weil es zu viel Zivilisation und Subsistenzmittel gibt

لأن هناك الكثير من الحضارة ووسائل العيش

Und weil es zu viel Industrie und zu viel Handel gibt

ولأن هناك الكثير من الصناعة ، والكثير من التجارة

Die Produktivkräfte, die der Gesellschaft zur Verfügung
stehen, entwickeln nicht mehr das Bourgeoisie Eigentum

القوى المنتجة تحت تصرف المجتمع لم تعد تطور الملكية البرجوازية

im Gegenteil, sie sind zu mächtig geworden für diese
Verhältnisse, durch die sie gefesselt sind

، على العكس من ذلك ، فقد أصبحوا أقوياء للغاية بالنسبة لهذه الظروف
التي يتم تقييدهم بها

sobald sie diese Fesseln überwunden haben, bringen sie
Unordnung in die ganze Bourgeoisie Gesellschaft

بمجرد أن يتغلبوا على هذه القيود ، فإنهم يجلبون الفوضى إلى المجتمع
البرجوازي بأكمله

und die Produktivkräfte gefährden die Existenz des
Bourgeoisie Eigentums

والقوى المنتجة تعرض للخطر وجود الملكية البرجوازية

Die Bedingungen der Bourgeoisie Gesellschaft sind zu eng,
um den von ihnen geschaffenen Reichtum zu erfassen

إن ظروف المجتمع البرجوازي أضيق من أن تشمل الثروة التي خلقوها.

Und wie überwindet die Bourgeoisie diese Krisen?

وكيف تتغلب البرجوازية على هذه الأزمات؟

Einerseits überwindet sie diese Krisen durch die
erzwungene Vernichtung einer Masse von Produktivkräften

فمن ناحية، تتغلب على هذه الأزمات من خلال التدمير القسري لكتلة من
القوى المنتجة.

Andererseits überwindet sie diese Krisen durch die
Eroberung neuer Märkte

من ناحية أخرى ، فإنه يتغلب على هذه الأزمات من خلال غزو أسواق
جديدة

Und sie überwindet diese Krisen durch die gründlichere
Ausbeutung der alten Produktivkräfte

وتتغلب على هذه الأزمات من خلال الاستغلال الأكثر شمولا لقوى الإنتاج القديمة.

Das heißt, indem sie den Weg für umfangreichere und zerstörerischere Krisen ebnen

وهذا يعني ، من خلال تمهيد الطريق لأزمات أكثر اتساعا وأكثر تدميرا.

Sie überwindet die Krise, indem sie die Mittel zur Krisenprävention einschränkt

إنه يتغلب على الأزمة من خلال تقليص الوسائل التي يتم من خلالها منع الأزمات

Die Waffen, mit denen die Bourgeoisie den Feudalismus zu Fall brachte, sind jetzt gegen sich selbst gerichtet

إن الأسلحة التي أسقطت بها البرجوازية الإقطاع على الأرض تحولت الآن ضد نفسها

Aber die Bourgeoisie hat nicht nur die Waffen geschmiedet, die sich selbst den Tod bringen

لكن البرجوازية لم تقم فقط بصياغة الأسلحة التي تجلب الموت لنفسها

Sie hat auch die Männer ins Leben gerufen, die diese Waffen führen sollen

كما دعت إلى الوجود الرجال الذين سيستخدمون تلك الأسلحة.

Und diese Männer sind die moderne Arbeiterklasse; Sie sind die Proletarier

وهؤلاء الرجال هم الطبقة العاملة الحديثة.هم البروليتاريون

In dem Maße, wie die Bourgeoisie entwickelt ist, entwickelt sich auch das Proletariat

بالتناسب مع تطور البرجوازية ، بنفس النسبة تطورت البروليتاريا

Die moderne Arbeiterklasse entwickelte eine Klasse von Arbeitern

طورت الطبقة العاملة الحديثة طبقة من العمال

Diese Klasse von Arbeitern lebt nur so lange, wie sie Arbeit findet

هذه الطبقة من العمال تعيش فقط طالما أنها تجد عملا

Und sie finden nur so lange Arbeit, wie ihre Arbeit das Kapital vermehrt

ويجدون عملا فقط طالما أن عملهم يزيد رأس المال

Diese Arbeiter, die sich stückweise verkaufen müssen, sind eine Ware

هؤلاء العمال، الذين يجب أن يبيعوا أنفسهم بالقطعة، هم سلعة.

Diese Arbeiter sind wie jeder andere Handelsartikel

هؤلاء العمال مثل أي مادة تجارية أخرى

und sie sind folglich allen Wechselfällen des Wettbewerbs ausgesetzt

وبالتالي يتعرضون لجميع تقلبات المنافسة

Sie müssen alle Schwankungen des Marktes überstehen

عليهم أن يتحملوا جميع تقلبات السوق

Aufgrund des umfangreichen Maschineneinsatzes und der Arbeitsteilung

بسبب الاستخدام المكثف للآلات وتقسيم العمل

Die Arbeit der Proletarier hat jeden individuellen Charakter verloren

لقد فقد عمل البروليتاريين كل طابع فردي

Und folglich hat die Arbeit der Proletarier für den Arbeiter jeden Reiz verloren

وبالتالي ، فقد عمل البروليتاريين كل سحر للعامل

Er wird zu einem Anhängsel der Maschine und nicht mehr zu dem Mann, der er einmal war

يصبح ملحقا للآلة ، بدلا من الرجل الذي كان عليه ذات مرة

Nur das einfachste, eintönigste und am leichtesten zu erwerbende Geschick wird von ihm verlangt

مطلوب منه فقط الموهبة الأكثر بساطة ورتابة والأكثر سهولة في الحصول عليها

Daher sind die Produktionskosten eines Arbeiters begrenzt

وبالتالي ، فإن تكلفة إنتاج العامل مقيدة

sie beschränkt sich fast ausschließlich auf die Mittel zur Bestreitung des Lebensunterhalts, die er zu seinem Unterhalt benötigt

يقتصر بشكل شبه كامل على وسائل العيش التي يحتاجها لإعالته

und sie beschränkt sich auf die Subsistenzmittel, die er zur Fortpflanzung seiner Rasse benötigt

ويقتصر على وسائل العيش التي يحتاجها لنشر جنسه

Aber der Preis einer Ware, also auch der Arbeit, ist gleich ihren Produktionskosten

لكن سعر السلعة ، وبالتالي أيضا العمل ، يساوي تكلفة إنتاجها.

In dem Maße also, wie die Widerwärtigkeit der Arbeit zunimmt, sinkt der Lohn

بالتناسب ، لذلك ، مع زيادة تنافر العمل ، ينخفض الأجر

Ja, die Widerwärtigkeit seiner Arbeit nimmt sogar noch mehr zu

كلا ، يزداد اشمئزاز عمله بمعدل أكبر

In dem Maße, wie der Einsatz von Maschinen und die Arbeitsteilung zunehmen, steigt auch die Last der Arbeit

مع زيادة استخدام الآلات وتقسيم العمل ، يزداد عبء الكدح

Die Arbeitsbelastung wird durch die Verlängerung der Arbeitszeit erhöht

يزداد عبء الكدح بإطالة ساعات العمل

Dem Arbeiter wird in der gleichen Zeit mehr zugemutet als zuvor

يتوقع المزيد من العامل في نفس الوقت كما كان من قبل

Und natürlich wird die Last der Arbeit durch die Geschwindigkeit der Maschinerie erhöht

وبالطبع يزداد عبء الكدح بسرعة الماكينة

Die moderne Industrie hat die kleine Werkstatt des patriarchalischen Meisters in die große Fabrik des industriellen Kapitalisten verwandelt

لقد حولت الصناعة الحديثة الورشة الصغيرة للسيد البطريركي إلى مصنع كبير للرأسمالي الصناعي

Massen von Arbeitern, die in die Fabrik gedrängt sind, sind wie Soldaten organisiert

جماهير العمال، المحتشدة في المصنع، منظمة مثل الجنود

Als Gefreite der Industriearmee stehen sie unter dem Kommando einer vollkommenen Hierarchie von Offizieren und Unteroffizieren

كجنود في الجيش الصناعي ، يتم وضعهم تحت قيادة تسلسل هرمي مثالي من الضباط والرقباء

sie sind nicht nur die Sklaven der Bourgeoisie und des Staates

إنهم ليسوا فقط عبيد الطبقة البرجوازية والدولة

Aber sie werden auch täglich und stündlich von der Maschine versklavt

لكنهم أيضا مستعبدون يوميا وكل ساعة من قبل الآلة

sie sind Sklaven des Aufsehers und vor allem des einzelnen Bourgeoisie Fabrikanten selbst

إنهم مستعبدون من قبل المتفرج ، وقبل كل شيء ، من قبل صانع البرجوازية الفردي نفسه

Je offener dieser Despotismus den Gewinn als seinen Zweck und sein Ziel proklamiert, desto kleinlicher, verhaßter und verbitterender ist er

وكلما أعلن هذا الاستبداد بشكل علني أن المكاسب هي غايته وهدفه، كلما كان أكثر تافهة، وأكثر بغضا وأكثر مرارة

Je mehr sich die moderne Industrie entwickelt, desto geringer sind die Unterschiede zwischen den Geschlechtern

كلما تطورت الصناعة الحديثة ، قلت الاختلافات بين الجنسين

Je geringer die Geschicklichkeit und Kraftanstrengung der Handarbeit ist, desto mehr wird die Arbeit der Männer von der der Frauen verdrängt

وكلما قلت مهارة وجهد القوة الذي ينطوي عليه العمل اليدوي، كلما حل عمل الرجال محل عمل النساء.

Alters- und Geschlechtsunterschiede haben für die Arbeiterklasse keine besondere gesellschaftliche Gültigkeit mehr

لم يعد للاختلافات في العمر والجنس أي صلاحية اجتماعية مميزة للطبقة العاملة

Alle sind Arbeitsinstrumente, die je nach Alter und Geschlecht mehr oder weniger teuer zu gebrauchen sind

وجميعها أدوات عمل، واستخدامها أكثر أو أقل تكلفة، وفقا لسنها وجنسها.

sobald der Arbeiter seinen Lohn in bar erhält, wird er von den übrigen Teilen der Bourgeoisie angegriffen

بمجرد أن يتلقى العامل أجره نقدا ، يتم تحديده من قبل الأجزاء الأخرى من البرجوازية

der Vermieter, der Ladenbesitzer, der Pfandleiher usw

المالك ، صاحب المتجر ، المرهن ، إلخ

Die unteren Schichten der Mittelschicht; die kleinen Handwerker und Ladenbesitzer

الطبقات الدنيا من الطبقة الوسطى ؛ التجار الصغار وأصحاب المتاجر

die pensionierten Gewerbetreibenden überhaupt, die Handwerker und Bauern

التجار المتقاعدون بشكل عام ، والحرفيون والفلاحون

all dies sinkt allmählich in das Proletariat ein

كل هذه تغرق تدريجيا في البروليتاريا

theils deshalb, weil ihr winziges Kapital nicht ausreicht für den Maßstab, in dem die moderne Industrie betrieben wird

ويرجع ذلك جزئيا إلى أن رأس مالها الضئيل لا يكفي للنطاق الذي تتم فيه الصناعة الحديثة

und weil sie in der Konkurrenz mit den Großkapitalisten überschwemmt wird

ولأنها غارقة في المنافسة مع كبار الرأسماليين

zum Teil deshalb, weil ihr spezialisiertes Können durch die neuen Produktionsmethoden wertlos wird

جزئيا لأن مهاراتهم المتخصصة أصبحت عديمة القيمة بسبب أساليب الإنتاج الجديدة

So rekrutiert sich das Proletariat aus allen Klassen der Bevölkerung

وهكذا يتم تجنيد البروليتاريا من جميع طبقات السكان

Das Proletariat durchläuft verschiedene Entwicklungsstufen

تمر البروليتاريا بمراحل مختلفة من التطور

Mit ihrer Geburt beginnt der Kampf mit der Bourgeoisie

مع ولادتها يبدأ صراعها مع البرجوازية

Zuerst wird der Kampf von einzelnen Arbeitern geführt

في البداية يتم إجراء المسابقة من قبل العمال الأفراد

Dann wird der Kampf von den Arbeitern einer Fabrik ausgetragen

ثم يتم إجراء المسابقة من قبل عمال المصنع

Dann wird der Kampf von den Arbeitern eines Gewerbes an einem Ort ausgetragen

ثم يتم إجراء المسابقة من قبل نشطاء تجارة واحدة ، في مكان واحد

und der Kampf richtet sich dann gegen die einzelne Bourgeoisie, die sie direkt ausbeutet

والمنافسة إذن ضد البرجوازية الفردية التي تستغلها مباشرة

Sie richten ihre Angriffe nicht gegen die Bourgeoisie Produktionsbedingungen

إنهم يوجهون هجماتهم ليس ضد ظروف الإنتاج البرجوازية
aber sie richten ihren Angriff gegen die Produktionsmittel
selbst

لكنهم يوجهون هجومهم ضد أدوات الإنتاج بأنفسهم.
Sie vernichten importierte Waren, die mit ihrer Arbeitskraft
konkurrieren

إنهم يدمرون السلع المستوردة التي تنافس عملهم
Sie zertrümmern Maschinen und setzen Fabriken in Brand

لقد حطموا الآلات إلى قطع وأشعلوا النار في المصانع
sie versuchen, den verschwundenen Status des Arbeiters des
Mittelalters mit Gewalt wiederherzustellen

إنهم يسعون إلى استعادة الوضع المختفي لعامل العصور الوسطى بالقوة
In diesem Stadium bilden die Arbeiter noch eine
unzusammenhängende Masse, die über das ganze Land
verstreut ist

في هذه المرحلة لا يزال العمال يشكلون كتلة غير متماسكة منتشرة في
جميع أنحاء البلاد.
und sie werden durch ihre gegenseitige Konkurrenz
zerrissen

ويتم تفكيكهم بسبب منافستهم المتبادلة
Wenn sie sich irgendwo zu kompakteren Körpern
vereinigen, so ist dies noch nicht die Folge ihrer eigenen
aktiven Vereinigung

إذا اتحدوا في أي مكان لتشكيل هيئات أكثر إحكاما ، فهذا ليس نتيجة
لاتحادهم النشط
aber es ist eine Folge der Vereinigung der Bourgeoisie, ihre
eigenen politischen Ziele zu erreichen

لكنها نتيجة لاتحاد البرجوازية ، لتحقيق غاياتها السياسية الخاصة
die Bourgeoisie ist gezwungen, das ganze Proletariat in
Bewegung zu setzen

البرجوازية مجبرة على تحريك البروليتاريا بأكملها
und überdies ist die Bourgeoisie eine Zeitlang dazu in der
Lage

وعلاوة على ذلك ، في الوقت الحاضر ، فإن البرجوازية قادرة على القيام
بذلك

In diesem Stadium kämpfen die Proletarier also nicht gegen
ihre Feinde

في هذه المرحلة ، لذلك ، لا يحارب البروليتاريون أعداءهم

Stattdessen kämpfen sie gegen die Feinde ihrer Feinde

لكنهم بدلا من ذلك يقاتلون أعداء أعدائهم.

Der Kampf gegen die Überreste der absoluten Monarchie
und die Großgrundbesitzer

قتال فلول الملكية المطلقة وملاك الأراضي

sie bekämpfen die nicht-industrielle Bourgeoisie; das
Kleiliche Bourgeoisie

إنهم يقاتلون البرجوازية غير الصناعية.البرجوازية الصغيرة

So ist die ganze historische Bewegung in den Händen der
Bourgeoisie konzentriert

وهكذا تتركز الحركة التاريخية برمتها في أيدي البرجوازية

jeder so errungene Sieg ist ein Sieg der Bourgeoisie

كل انتصار يتم الحصول عليه هو انتصار للبرجوازية

Aber mit der Entwicklung der Industrie wächst nicht nur die
Zahl des Proletariats

ولكن مع تطور الصناعة ، لا يزداد عدد البروليتاريا فقط

das Proletariat konzentriert sich in größeren Massen und
seine Kraft wächst

تتركز البروليتاريا في كتل أكبر وتنمو قوتها

und das Proletariat spürt diese Kraft mehr und mehr

وتشعر البروليتاريا بهذه القوة أكثر فأكثر

Die verschiedenen Interessen und Lebensbedingungen in
den Reihen des Proletariats gleichen sich mehr und mehr an

إن المصالح والظروف المختلفة للحياة داخل صفوف البروليتاريا تتساوى
أكثر فأكثر

sie werden in dem Maße größer, wie die Maschinerie alle
Unterschiede der Arbeit verwischt

تصبح أكثر تناسبا حيث تطمس الآلات جميع الفروق في العمل

Und die Maschinen senken fast überall die Löhne auf das
gleiche niedrige Niveau

والآلات في كل مكان تقريبا تخفض الأجور إلى نفس المستوى المنخفض

Die wachsende Konkurrenz der Bourgeoisie und die daraus resultierenden Handelskrisen lassen die Löhne der Arbeiter immer schwankender

،إن المنافسة المتزايدة بين البرجوازية، والأزمات التجارية الناتجة عنها تجعل أجور العمال أكثر تقلبا من أي وقت مضى۔

Die unaufhörliche Verbesserung der sich immer schneller entwickelnden Maschinen macht ihren Lebensunterhalt immer prekärer

إن التحسين المستمر للآلات ، الذي يتطور بسرعة أكبر من أي وقت مضى ، يجعل سبل عيشهم أكثر خطورة

die Kollisionen zwischen einzelnen Arbeitern und einzelnen Bourgeoisien nehmen immer mehr den Charakter von Zusammenstößen zwischen zwei Klassen an

تأخذ الاصطدامات بين العمال الأفراد والبرجوازية الفردية طابع الاصطدامات بين طبقتين أكثر فأكثر

Darauf beginnen die Arbeiter, sich gegen die Bourgeoisie zu verbünden (Gewerkschaften)

عندها يبدأ العمال في تشكيل مجموعات)نقابات (ضد البرجوازية

Sie schließen sich zusammen, um die Löhne hoch zu halten

إنهم يتعاونون معا من أجل الحفاظ على معدل الأجور

sie gründeten ständige Vereinigungen, um für diese gelegentlichen Revolten im voraus Vorsorge zu treffen

لقد وجدوا جمعيات دائمة من أجل توفير هذه الثورات العرضية مسبقا

Hier und da bricht der Wettkampf in Ausschreitungen aus

هنا وهناك تندلع المسابقة في أعمال شغب

Hin und wieder siegen die Arbeiter, aber nur für eine gewisse Zeit

بين الحين والآخر ينتصر العمال ، ولكن فقط لبعض الوقت

Die wirkliche Frucht ihrer Kämpfe liegt nicht in den unmittelbaren Ergebnissen, sondern in der immer größer werdenden Vereinigung der Arbeiter

إن الثمرة الحقيقية لمعاركهم لا تكمن في النتيجة الفورية، بل في اتحاد العمال المتوسع باستمرار۔

Diese Vereinigung wird durch die verbesserten Kommunikationsmittel unterstützt, die von der modernen Industrie geschaffen werden

ويساعد هذا الاتحاد من خلال وسائل الاتصال المحسنة التي يتم إنشاؤها بواسطة الصناعة الحديثة

Die moderne Kommunikation bringt die Arbeiter verschiedener Orte miteinander in Kontakt

الاتصالات الحديثة تضع العمال من مختلف المناطق على اتصال مع بعضهم البعض

Es war gerade dieser Kontakt, der nötig war, um die zahlreichen lokalen Kämpfe zu einem nationalen Kampf zwischen den Klassen zu zentralisieren

كان هذا الاتصال فقط هو المطلوب لتركيز النضالات المحلية العديدة في صراع وطني واحد بين الطبقات.

Alle diese Kämpfe haben den gleichen Charakter, und jeder Klassenkampf ist ein politischer Kampf

كل هذه النضالات لها نفس الطابع ، وكل صراع طبقي هو صراع سياسي

die Bürger des Mittelalters mit ihren elenden Landstraßen brauchten Jahrhunderte, um ihre Vereinigungen zu bilden

احتاج البرغر في العصور الوسطى ، بطرقهم السريعة البائسة ، إلى قرون لتشكيل نقاباتهم

Die modernen Proletarier erreichen dank der Eisenbahn ihre Gewerkschaften innerhalb weniger Jahre

البروليتاريون الحديثون ، بفضل السكك الحديدية ، يحققون نقاباتهم في غضون بضع سنوات

Diese Organisation der Proletarier zu einer Klasse formte sie folglich zu einer politischen Partei

هذا التنظيم للبروليتاريين في طبقة شكلهم بالتالي في حزب سياسي

Die politische Klasse wird immer wieder durch die Konkurrenz zwischen den Arbeitern selbst verärgert

الطبقة السياسية مستاءة باستمرار مرة أخرى من المنافسة بين العمال أنفسهم

Aber die politische Klasse erhebt sich weiter, stärker, fester, mächtiger

لكن الطبقة السياسية تستمر في النهوض مرة أخرى، أقوى وأكثر حزما وقوة.

Er zwingt zur gesetzgeberischen Anerkennung der besonderen Interessen der Arbeitnehmer

إنه يفرض الاعتراف التشريعي بالمصالح الخاصة للعمال

sie tut dies, indem sie sich die Spaltungen innerhalb der Bourgeoisie selbst zunutze macht

وهي تفعل ذلك من خلال الاستفادة من الانقسامات بين البرجوازية نفسها

Damit wurde das Zehnstundengesetz in England in Kraft gesetzt

وهكذا تم وضع مشروع قانون العشر ساعات في إنجلترا في القانون

in vielerlei Hinsicht ist der Zusammenstoß zwischen den Klassen der alten Gesellschaft ferner der Entwicklungsgang des Proletariats

من نواح كثيرة ، فإن الاصطدامات بين طبقات المجتمع القديم هي مسار تطور البروليتاريا

Die Bourgeoisie befindet sich in einem ständigen Kampf

البرجوازية تجد نفسها متورطة في معركة مستمرة

Zuerst wird sie sich in einem ständigen Kampf mit der Aristokratie wiederfinden

في البداية ستجد نفسها متورطة في معركة مستمرة مع الطبقة الأرستقراطية.

später wird sie sich in einem ständigen Kampf mit diesen Teilen der Bourgeoisie selbst wiederfinden

في وقت لاحق ستجد نفسها متورطة في معركة مستمرة مع تلك الأجزاء من البرجوازية نفسها

und ihre Interessen werden dem Fortschritt der Industrie entgegengesetzt sein

وستصبح مصالحهم معادية لتقدم الصناعة

zu allen Zeiten werden ihre Interessen mit der Bourgeoisie fremder Länder in Konflikt geraten sein

في جميع الأوقات ، ستصبح مصالحهم معادية لبرجوازية البلدان الأجنبية

In allen diesen Kämpfen sieht sie sich genötigt, an das Proletariat zu appellieren, und bittet es um Hilfe

في كل هذه المعارك ترى نفسها مضطرة إلى مناشدة البروليتاريا ، وتطلب مساعدتها

Und so wird sie sich gezwungen sehen, sie in die politische Arena zu zerren

وبالتالي، ستشعر بأنها مضطرة لجرها إلى الساحة السياسية.

Die Bourgeoisie selbst versorgt also das Proletariat mit ihren eigenen Instrumenten der politischen und allgemeinen Erziehung

لذلك فإن البرجوازية نفسها تزود البروليتاريا بأدواتها الخاصة في التعليم السياسي والعام.

mit anderen Worten, sie liefert dem Proletariat Waffen für den Kampf gegen die Bourgeoisie

وبعبارة أخرى، فإنه يزود البروليتاريا بالأسلحة لمحاربة البرجوازية.

Ferner werden, wie wir schon gesehen haben, ganze Schichten der herrschenden Klassen in das Proletariat hineingestürzt

علاوة على ذلك ، كما رأينا بالفعل ، يتم ترسب قطاعات كاملة من الطبقات الحاكمة في البروليتاريا

der Fortschritt der Industrie saugt sie in das Proletariat hinein

تقدم الصناعة يجذبهم إلى البروليتاريا

oder zumindest sind sie in ihren Existenzbedingungen bedroht

أو ، على الأقل ، هم مهددون في ظروف وجودهم

Diese versorgen auch das Proletariat mit frischen Elementen der Aufklärung und des Fortschritts

هذه أيضا تزود البروليتاريا بعناصر جديدة من التنوير والتقدم

Endlich, in Zeiten, in denen sich der Klassenkampf der entscheidenden Stunde nähert

أخيرا ، في الأوقات التي يقترب فيها الصراع الطبقي من الساعة الحاسمة

Der Auflösungsprozess innerhalb der herrschenden Klasse

عملية الانحلال الجارية داخل الطبقة الحاكمة

In der Tat wird die Auflösung, die sich innerhalb der herrschenden Klasse vollzieht, in der gesamten Bandbreite der Gesellschaft zu spüren sein

في الواقع، إن الانحلال الذي يحدث داخل الطبقة الحاكمة سيكون محسوسا داخل كل نطاق المجتمع.

Sie wird einen so gewalttätigen, krassen Charakter annehmen, dass ein kleiner Teil der herrschenden Klasse sich selbst abtreibt

سوف تتخذ طابعا عنيفا وصارخا ، بحيث يقطع قسم صغير من الطبقة الحاكمة نفسه على غير هدى.

Und diese herrschende Klasse wird sich der revolutionären Klasse anschließen

وأن الطبقة الحاكمة ستنضم إلى الطبقة الثورية

Die revolutionäre Klasse ist die Klasse, die die Zukunft in ihren Händen hält

الطبقة الثورية هي الطبقة التي تمسك بالمستقبل بين يديها

Wie in früheren Zeiten ging ein Teil des Adels zur Bourgeoisie über

تماما كما في فترة سابقة ، ذهب قسم من النبلاء إلى البرجوازية

ebenso wird ein Teil der Bourgeoisie zum Proletariat übergehen

بنفس الطريقة سيذهب جزء من البرجوازية إلى البروليتاريا

insbesondere wird ein Teil der Bourgeoisie zu einem Teil der Bourgeoisie Ideologen übergehen

على وجه الخصوص ، سيذهب جزء من البرجوازية إلى جزء من أيديولوجيات البرجوازية

Bourgeoisie Ideologen, die sich auf die Ebene erhoben haben, die historische Bewegung als Ganzes theoretisch zu begreifen

الإيديولوجيون البرجوازيون الذين رفعوا أنفسهم إلى مستوى الفهم النظري للحركة التاريخية ككل

Von allen Klassen, die heute der Bourgeoisie gegenüberstehen, ist das Proletariat allein eine wirklich revolutionäre Klasse

من بين جميع الطبقات التي تقف وجها لوجه مع البرجوازية اليوم ، فإن البروليتاريا وحدها هي طبقة ثورية حقا

Die anderen Klassen zerfallen und verschwinden schließlich im Angesicht der modernen Industrie

الطبقات الأخرى تتحلل وتختفي أخيرا في مواجهة الصناعة الحديثة

das Proletariat ist ihr besonderes und wesentliches Produkt

البروليتاريا هي منتجها الخاص والأساسي

Die untere Mittelschicht, der kleine Fabrikant, der Ladenbesitzer, der Handwerker, der Bauer

، الطبقة الوسطى الدنيا ، الشركة المصنعة الصغيرة ، صاحب المتجر الحرفي ، الفلاح

all diese Kämpfe gegen die Bourgeoisie

كل هذه المعارك ضد البرجوازية

Sie kämpfen als Fraktionen der Mittelschicht, um sich vor dem Aussterben zu retten

إنهم يقاتلون كأجزاء من الطبقة الوسطى لإنقاذ أنفسهم من الانقراض

Sie sind also nicht revolutionär, sondern konservativ

لذلك فهي ليست ثورية ، لكنها محافظة

Ja, mehr noch, sie sind reaktionär, denn sie versuchen, das Rad der Geschichte zurückzudrehen

لا أكثر، إنهم رجعيون، لأنهم يحاولون إعادة عجلة التاريخ إلى الوراء.

Wenn sie zufällig revolutionär sind, so sind sie es nur im Hinblick auf ihre bevorstehende Überführung in das Proletariat

إذا كانوا ثوريين بالصدفة ، فهم كذلك فقط في ضوء انتقالهم الوشيك إلى البروليتاريا

Sie verteidigen also nicht ihre gegenwärtigen, sondern ihre zukünftigen Interessen

وبالتالي فهم لا يدافعون عن حاضرهم ، بل عن مصالحهم المستقبلية

sie verlassen ihren eigenen Standpunkt, um sich auf den des Proletariats zu stellen

إنهم يتخلون عن وجهة نظرهم الخاصة ويضعون أنفسهم في موقف البروليتاريا

Die »gefährliche Klasse«, der soziale Abschaum, diese passiv verrottende Masse, die von den untersten Schichten der alten Gesellschaft abgeworfen wird

الطبقة الخطرة "، الحثالة الاجتماعية ، تلك الكتلة المتعفنة بشكل سلبي" التي ألقيت بها الطبقات الدنيا من المجتمع القديم

sie können hier und da von einer proletarischen Revolution in die Bewegung hineingerissen werden

قد تجتاحهم الثورة البروليتارية الحركة هنا وهناك.

Seine Lebensbedingungen bereiten ihn jedoch viel mehr auf die Rolle eines bestochenen Werkzeugs reaktionärer Intrigen vor

ومع ذلك ، فإن ظروف حياتها تعدها أكثر بكثير لجزء من أداة رشوة من المؤامرات الرجعية.

In den Verhältnissen des Proletariats sind die Verhältnisse der alten Gesellschaft im Allgemeinen bereits praktisch überschwemmt

في ظروف البروليتاريا ، فإن ظروف المجتمع القديم ككل غارقة بالفعل في

Der Proletarier ist ohne Eigentum

البروليتاري بلا ملكية

sein Verhältnis zu Frau und Kindern hat mit den Familienverhältnissen der Bourgeoisie nichts mehr gemein

علاقته بزوجته وأطفاله لم يعد لها أي شيء مشترك مع العلاقات الأسرية للبرجوازية

moderne industrielle Arbeit, moderne Unterwerfung unter das Kapital, dasselbe in England wie in Frankreich, in Amerika wie in Deutschland

العمل الصناعي الحديث ، والخضوع الحديث لرأس المال ، هو نفسه في إنجلترا كما في فرنسا ، في أمريكا كما في ألمانيا

Seine Stellung in der Gesellschaft hat ihm jede Spur von nationalem Charakter genommen

حالته في المجتمع جردته من كل أثر للشخصية الوطنية

Gesetz, Moral, Religion sind für ihn so viele Bourgeoisie Vorurteile

القانون والأخلاق والدين ، هي بالنسبة له الكثير من التحيزات البرجوازية

und hinter diesen Vorurteilen lauern ebenso viele Bourgeoisie Interessen

ووراء هذه التحيزات تكمن في كمين كما العديد من المصالح البرجوازية.

Alle vorhergehenden Klassen, die die Oberhand gewannen, versuchten, ihren bereits erworbenen Status zu festigen

سعت جميع الطبقات السابقة التي كانت لها اليد العليا ، إلى تحصين وضعها المكتسب بالفعل

Sie taten dies, indem sie die Gesellschaft als Ganzes ihren Aneignungsbedingungen unterwarfen

لقد فعلوا ذلك من خلال إخضاع المجتمع ككل لشروط الاستيلاء الخاصة بهم

Die Proletarier können nicht Herren der Produktivkräfte der Gesellschaft werden

لا يمكن للبروليتاريين أن يصبحوا سادة القوى المنتجة في المجتمع

Sie kann dies nur tun, indem sie ihre eigene bisherige Aneignungsweise abschafft

لا يمكنها القيام بذلك إلا من خلال إلغاء طريقة التخصيص السابقة الخاصة بها

Und damit hebt sie auch jede andere bisherige Aneignungsweise auf

وبالتالي فإنه يلغي أيضا كل طريقة سابقة أخرى للتخصيص

Sie haben nichts Eigenes zu sichern und zu festigen

ليس لديهم شيء خاص بهم لتأمينه وتحصينه

Ihre Aufgabe ist es, alle bisherigen Sicherheiten und Versicherungen für individuelles Eigentum zu vernichten

مهمتهم هي تدمير جميع الأوراق المالية السابقة للممتلكات الفردية وتأمينها

Alle bisherigen historischen Bewegungen waren Bewegungen von Minderheiten

جميع الحركات التاريخية السابقة كانت حركات أقليات

oder es handelte sich um Bewegungen im Interesse von Minderheiten

أو كانت حركات لصالح الأقليات

Die proletarische Bewegung ist die selbstbewusste, selbständige Bewegung der ungeheuren Mehrheit

الحركة البروليتارية هي الحركة الواعية والمستقلة للأغلبية الساحقة

Und es ist eine Bewegung im Interesse der großen Mehrheit

وهي حركة تصب في مصلحة الأغلبية الساحقة

Das Proletariat, die unterste Schicht unserer heutigen Gesellschaft

البروليتاريا، أدنى طبقة في مجتمعنا الحالي

Sie kann sich nicht regen oder erheben, ohne daß die ganze übergeordnete Schicht der offiziellen Gesellschaft in die Luft geschleudert wird

لا يمكنها أن تتحرك أو ترفع نفسها دون أن تنتشر في الهواء الطبقات المتفوقة بأكملها في المجتمع الرسمي.

Der Kampf des Proletariats mit der Bourgeoisie ist, wenn auch nicht der Substanz nach, doch zunächst ein nationaler Kampf

وإن لم يكن نضال البروليتاريا مع البرجوازية في الجوهر ، إلا أنه في الشكل، هو في البداية نضال وطني.

Das Proletariat eines jeden Landes muss natürlich vor allem mit seiner eigenen Bourgeoisie abrechnen

يجب على البروليتاريا في كل بلد ، بالطبع ، أولا وقبل كل شيء تسوية الأمور مع برجوازيتها الخاصة.

Indem wir die allgemeinsten Phasen der Entwicklung des Proletariats schilderten, verfolgten wir den mehr oder weniger verhüllten Bürgerkrieg

في تصوير المراحل الأكثر عمومية لتطور البروليتاريا ، تتبعنا الحرب الأهلية المبطنة إلى حد ما

Diese Zivilgesellschaft wütet in der bestehenden Gesellschaft

هذا المدني مستعر داخل المجتمع القائم

Er wird bis zu dem Punkt wüten, an dem dieser Krieg in eine offene Revolution ausbricht

سوف تحتدم إلى النقطة التي تندلع فيها تلك الحرب إلى ثورة مفتوحة

und dann legt der gewaltsame Sturz der Bourgeoisie die Grundlage für die Herrschaft des Proletariats

ومن ثم فإن الإطاحة العنيفة بالبرجوازية تضع الأساس لسيطرة البروليتاريا

Bisher beruhte jede Gesellschaftsform, wie wir bereits gesehen haben, auf dem Antagonismus unterdrückender und unterdrückter Klassen

، حتى الآن ، كان كل شكل من أشكال المجتمع قائما ، كما رأينا بالفعل على عداء الطبقات المضطهِدة والمضطهَدة

Um aber eine Klasse zu unterdrücken, müssen ihr gewisse Bedingungen zugesichert werden

ولكن من أجل قمع الطبقة ، يجب ضمان شروط معينة لها

Die Klasse muss unter Bedingungen gehalten werden, unter denen sie wenigstens ihre sklavische Existenz fortsetzen kann

يجب أن تبقى الطبقة في ظل ظروف يمكنها فيها ، على الأقل ، مواصلة وجودها العبودي

Der Leibeigene erhob sich in der Zeit der Leibeigenschaft zum Mitglied der Kommune

رفع الأقنان ، في فترة القنانة ، نفسه إلى عضوية في البلدية

so wie es dem Kleinbourgeoisie unter dem Joch des
feudalen Absolutismus gelang, sich zur Bourgeoisie zu
entwickeln

تماما كما تمكنت البرجوازية الصغيرة ، تحت نير الحكم المطلق الإقطاعي
من التطور إلى برجوازية ،

Der moderne Arbeiter dagegen sinkt, anstatt sich mit dem
Fortschritt der Industrie zu erheben, immer tiefer

العامل الحديث ، على العكس من ذلك ، بدلا من النهوض مع تقدم الصناعة
يغرق أعمق وأعمق ،

Er sinkt unter die Existenzbedingungen seiner eigenen
Klasse

يغرق تحت ظروف وجود طبقته

Er wird ein Bettler, und der Pauperismus entwickelt sich
schneller als Bevölkerung und Reichtum

يصبح فقيرا ، ويتطور الفقر بسرعة أكبر من السكان والثروة

Und hier zeigt sich, dass die Bourgeoisie nicht mehr
geeignet ist, die herrschende Klasse in der Gesellschaft zu
sein

وهنا يصبح من الواضح أن البرجوازية لم تعد صالحة لتكون الطبقة
الحاكمة في المجتمع

und sie ist ungeeignet, der Gesellschaft ihre
Existenzbedingungen als übergeordnetes Gesetz
aufzuzwingen

ولا يصلح لفرض شروط وجوده على المجتمع كقانون مهيمن

Sie ist unfähig zu herrschen, weil sie unfähig ist, ihrem
Sklaven in seiner Sklaverei eine Existenz zu sichern

إنه غير صالح للحكم لأنه غير مؤهل لضمان وجود لعبده داخل عبوديته

denn sie kann nicht anders, als ihn in einen solchen Zustand
sinken zu lassen, daß sie ihn ernähren muss, statt von ihm
gefüttert zu werden

لأنه لا يمكن أن يساعد في السماح له بالغرق في مثل هذه الحالة ، بحيث
يتعين عليه إطعامه ، بدلا من إطعامه من قبله

Die Gesellschaft kann nicht länger unter dieser Bourgeoisie
leben

لم يعد بإمكان المجتمع العيش في ظل هذه البرجوازية

Mit anderen Worten, ihre Existenz ist nicht mehr mit der Gesellschaft vereinbar

بمعنى آخر ، لم يعد وجودها متوافقا مع المجتمع

Die wesentliche Bedingung für die Existenz und die Herrschaft der Bourgeoisie Klasse ist die Bildung und Vermehrung des Kapitals

إن الشرط الأساسي لوجود الطبقة البرجوازية وسيطرتها هو تكوين رأس المال وزيادته۔

Die Bedingung für das Kapital ist Lohnarbeit

شرط رأس المال هو العمل المأجور

Die Lohnarbeit beruht ausschließlich auf der Konkurrenz zwischen den Arbeitern

يعتمد العمل المأجور حصرا على المنافسة بين العمال

Der Fortschritt der Industrie, deren unfreiwilliger Förderer die Bourgeoisie ist, tritt an die Stelle der Isolierung der Arbeiter

إن تقدم الصناعة، التي هي البرجوازية مروجها غير الطوعي، يحل محل عزلة العمال۔

durch die Konkurrenz, durch ihre revolutionäre Kombination, durch die Assoziation

بسبب المنافسة ، بسبب مزيجهم الثوري ، بسبب الارتباط

Die Entwicklung der modernen Industrie schneidet ihr die Grundlage unter den Füßen weg, auf der die Bourgeoisie Produkte produziert und sich aneignet

إن تطور الصناعة الحديثة يقطع من تحت قدميه الأساس الذي تنتج عليه البرجوازية المنتجات وتستولي عليها۔

Was die Bourgeoisie vor allem produziert, sind ihre eigenen Totengräber

ما تنتجه البرجوازية ، قبل كل شيء ، هو حفارو قبورها

Der Sturz der Bourgeoisie und der Sieg des Proletariats sind gleichermaßen unvermeidlich

إن سقوط البرجوازية وانتصار البروليتاريا أمر لا مفر منه بنفس القدر

Proletarier und Kommunisten

البروليتاريون والشيوعيون

In welchem Verhältnis stehen die Kommunisten zu den Proletariern insgesamt?

في أي علاقة يقف الشيوعيون مع البروليتاريا ككل؟

Die Kommunisten bilden keine eigene Partei, die anderen Arbeiterparteien entgegengesetzt ist

لا يشكل الشيوعيون حزبا منفصلا يعارض أحزاب الطبقة العاملة الأخرى

Sie haben keine Interessen, die von denen des Proletariats als Ganzes getrennt und getrennt sind

ليس لديهم مصالح منفصلة ومنفصلة عن مصالح البروليتاريا ككل.

Sie stellen keine eigenen sektiererischen Prinzipien auf, nach denen sie die proletarische Bewegung formen und formen könnten

إنهم لا يضعون أي مبادئ طائفية خاصة بهم ، لتشكيل وتشكيل الحركة البروليتارية

Die Kommunisten unterscheiden sich von den anderen Arbeiterparteien nur durch zwei Dinge

يتميز الشيوعيون عن أحزاب الطبقة العاملة الأخرى بأمرين فقط

Erstens: Sie weisen auf die gemeinsamen Interessen des gesamten Proletariats hin und bringen sie in den Vordergrund, unabhängig von jeder Nationalität

أولا، إنهم يشيرون إلى المصالح المشتركة للبروليتاريا بأسرها، بغض النظر عن كل قومية.

Das tun sie in den nationalen Kämpfen der Proletarier der verschiedenen Länder

هذا ما يفعلونه في النضالات الوطنية للبروليتاريين في مختلف البلدان.

Zweitens vertreten sie immer und überall die Interessen der gesamten Bewegung

ثانيا، إنها تمثل دائما وفي كل مكان مصالح الحركة ككل.

das tun sie in den verschiedenen Entwicklungsstadien, die der Kampf der Arbeiterklasse gegen die Bourgeoisie zu durchlaufen hat

هذا ما يفعلونه في مختلف مراحل التطور ، والتي يجب أن يمر بها نضال الطبقة العاملة ضد البرجوازية

Die Kommunisten sind also auf der einen Seite praktisch
der fortschrittlichste und entschiedenste Teil der
Arbeiterparteien eines jeden Landes

لذلك فإن الشيوعيين هم من ناحية ، عمليا ، القسم الأكثر تقدما وتصميما
من أحزاب الطبقة العاملة في كل بلد.

Sie sind der Teil der Arbeiterklasse, der alle anderen
vorantreibt

إنهم ذلك القسم من الطبقة العاملة الذي يدفع جميع الآخرين إلى الأمام.

Theoretisch haben sie auch den Vorteil, dass sie die
Marschlinie klar verstehen

من الناحية النظرية ، لديهم أيضا ميزة فهم خط المسيرة بوضوح

Das verstehen sie besser im Vergleich zu der großen Masse
des Proletariats

هذا يفهمونه بشكل أفضل مقارنة بالكتلة العظمى للبروليتاريا

Sie verstehen die Bedingungen und die letzten allgemeinen
Ergebnisse der proletarischen Bewegung

إنهم يفهمون الظروف والنتائج العامة النهائية للحركة البروليتارية

Das unmittelbare Ziel des Kommunisten ist dasselbe wie
das aller anderen proletarischen Parteien

إن الهدف المباشر للشيوعية هو نفس هدف جميع الأحزاب البروليتارية
الأخرى.

Ihr Ziel ist die Formierung des Proletariats zu einer Klasse

هدفهم هو تشكيل البروليتاريا في طبقة

sie zielen darauf ab, die Vorherrschaft der Bourgeoisie zu
stürzen

إنهم يهدفون إلى الإطاحة بسيادة البرجوازية

das Streben nach politischer Machteroberung durch das
Proletariat

النضال من أجل الاستيلاء على السلطة السياسية من قبل البروليتاريا

Die theoretischen Schlußfolgerungen der Kommunisten
beruhen in keiner Weise auf Ideen oder Prinzipien der
Reformer

الاستنتاجات النظرية للشيوعيين لا تستند بأي حال من الأحوال إلى أفكار
أو مبادئ الإصلاحيين

es waren keine Möchtegern-Universalreformer, die die theoretischen Schlussfolgerungen der Kommunisten erfunden oder entdeckt haben

لم يكن الإصلاحيون العالميون هم الذين اخترعوا أو اكتشفوا الاستنتاجات النظرية للشيوعيين

Sie drücken lediglich in allgemeinen Begriffen tatsächliche Verhältnisse aus, die aus einem bestehenden Klassenkampf hervorgehen

إنها تعبر فقط ، بعبارات عامة ، عن علاقات فعلية تنبع من صراع طبقي قائم

Und sie beschreiben die historische Bewegung, die sich unter unseren Augen abspielt und die diesen Klassenkampf hervorgebracht hat

وهم يصفون الحركة التاريخية الجارية تحت أعيننا والتي خلقت هذا الصراع الطبقي

Die Abschaffung bestehender Eigentumsverhältnisse ist keineswegs ein charakteristisches Merkmal des Kommunismus

إن إلغاء علاقات الملكية القائمة ليس سمة مميزة للشيوعية على الإطلاق

Alle Eigentumsverhältnisse in der Vergangenheit waren einem ständigen historischen Wandel unterworfen

كانت جميع علاقات الملكية في الماضي تخضع باستمرار للتغيير التاريخي

Und diese Veränderungen waren eine Folge der Veränderung der historischen Bedingungen

وكانت هذه التغييرات نتيجة للتغير في الظروف التاريخية

Die Französische Revolution zum Beispiel schaffte das Feudaleigentum zugunsten des Bourgeoisie Eigentums ab

الثورة الفرنسية ، على سبيل المثال ، ألغت الملكية الإقطاعية لصالح الملكية البرجوازية

Das Unterscheidungsmerkmal des Kommunismus ist nicht die Abschaffung des Eigentums im Allgemeinen

السمة المميزة للشيوعية ليست إلغاء الملكية ، بشكل عام

aber das Unterscheidungsmerkmal des Kommunismus ist die Abschaffung des Bourgeoisie Eigentums

لكن السمة المميزة للشيوعية هي إلغاء الملكية البرجوازية.

Aber das Privateigentum der modernen Bourgeoisie ist der letzte und vollständigste Ausdruck des Systems der Produktion und Aneignung von Produkten

لكن الملكية الخاصة البرجوازية الحديثة هي التعبير النهائي والأكثر اكتمالا عن نظام إنتاج المنتجات والاستيلاء عليها.

Es ist der Endzustand eines Systems, das auf Klassengegensätzen beruht, wobei der Klassenantagonismus die Ausbeutung der Vielen durch die Wenigen ist

إنها الحالة النهائية لنظام قائم على التناقضات الطبقية ، حيث العداء الطبقي هو استغلال الأكثرية من قبل القلة.

In diesem Sinne läßt sich die Theorie der Kommunisten in einem einzigen Satz zusammenfassen; die Abschaffung des Privateigentums

بهذا المعنى ، يمكن تلخيص نظرية الشيوعيين في جملة واحدة. إلغاء الملكية الخاصة

Uns Kommunisten hat man vorgeworfen, das Recht auf persönlichen Eigentumserwerb abschaffen zu wollen

لقد تم توبيخنا نحن الشيوعيين بالرغبة في إلغاء الحق في الحصول على الممتلكات شخصيا

Es wird behauptet, dass diese Eigenschaft die Frucht der eigenen Arbeit eines Menschen ist

يزعم أن هذه الممتلكات هي ثمرة عمل الرجل نفسه

Und diese Eigenschaft soll die Grundlage aller persönlichen Freiheit, Aktivität und Unabhängigkeit sein.

ويزعم أن هذه الممتلكات هي أساس كل الحرية الشخصية والنشاط والاستقلال.

"Hart erkämpftes, selbst erworbenes, selbst verdientes Eigentum!"

"إممتلكات مكتسبة بشق الأنفس ، مكتسبة ذاتيا"

Meinst du das Eigentum des kleinen Handwerkers und des Kleinbauern?

هل تقصد ممتلكات الحرفي الصغير والفلاح الصغير؟

Meinen Sie eine Form des Eigentums, die der Bourgeoisie Form vorausging?

هل تقصد شكلا من أشكال الملكية التي سبقت شكل البرجوازية؟

Es ist nicht nötig, sie abzuschaffen, die Entwicklung der Industrie hat sie zum großen Teil bereits zerstört

ليست هناك حاجة لإلغاء ذلك ، فقد دمره تطوير الصناعة بالفعل إلى حد كبير

Und die Entwicklung der Industrie zerstört sie immer noch täglich

وتطور الصناعة مازال يدمرها يوميا

Oder meinen Sie das moderne Bourgeoisie Privateigentum?

أم تقصد الملكية الخاصة البرجوازية الحديثة؟

Aber schafft die Lohnarbeit irgendein Eigentum für den Arbeiter?

ولكن هل يخلق العمل المأجور أي ممتلكات للعامل؟

Nein, die Lohnarbeit schafft nicht ein bisschen von dieser Art von Eigentum!

إلا ، العمل المأجور لا يخلق جزءا واحدا من هذا النوع من الممتلكات!

Was Lohnarbeit schafft, ist Kapital; jene Art von Eigentum, das Lohnarbeit ausbeutet

ما يخلقه العمل المأجور هو رأس المال. هذا النوع من الممتلكات التي تستغل العمل المأجور

Das Kapital kann sich nur unter der Bedingung vermehren, daß es ein neues Angebot an Lohnarbeit für neue Ausbeutung erzeugt

لا يمكن لرأس المال أن يزيد إلا بشرط توليد عرض جديد من العمل المأجور لاستغلال جديد

Das Eigentum in seiner jetzigen Form beruht auf dem Antagonismus von Kapital und Lohnarbeit

تقوم الملكية، في شكلها الحالي، على عداء رأس المال والعمل المأجور

Betrachten wir beide Seiten dieses Antagonismus

دعونا نفحص كلا جانبي هذا العداء

Kapitalist zu sein bedeutet nicht nur, einen rein persönlichen Status zu haben

أن تكون رأسماليا لا يعني أن يكون لديك فقط حالة شخصية بحتة

Stattdessen bedeutet Kapitalist zu sein auch, einen sozialen Status in der Produktion zu haben

بدلا من ذلك ، أن تكون رأسماليا هو أيضا أن يكون لديك وضع اجتماعي في الإنتاج

weil Kapital ein kollektives Produkt ist; Nur durch das gemeinsame Handeln vieler Mitglieder kann sie in Gang gesetzt werden

لأن رأس المال هو منتج جماعي ؛ فقط من خلال العمل الموحد للعديد من الأعضاء يمكن تحريكه

Aber dieses gemeinsame Handeln ist der letzte Ausweg und erfordert eigentlich alle Mitglieder der Gesellschaft

لكن هذا العمل الموحد هو الملاذ الأخير ، ويتطلب في الواقع جميع أفراد المجتمع

Das Kapital verwandelt sich in das Eigentum aller Mitglieder der Gesellschaft

يتم تحويل رأس المال إلى ملك لجميع أفراد المجتمع

aber das Kapital ist also keine persönliche Macht; Es ist eine gesellschaftliche Macht

لكن رأس المال ، إذن ، ليس قوة شخصية.إنها قوة اجتماعية

Wenn also Kapital in gesellschaftliches Eigentum umgewandelt wird, so verwandelt sich dadurch nicht persönliches Eigentum in gesellschaftliches Eigentum

لذلك عندما يتم تحويل رأس المال إلى ملكية اجتماعية ، لا يتم تحويل الملكية الشخصية إلى ملكية اجتماعية

Nur der gesellschaftliche Charakter des Eigentums wird verändert und verliert seinen Klassencharakter

فقط الطابع الاجتماعي للممتلكات هو الذي يتغير ، ويفقد طابعه الطبقي

Betrachten wir nun die Lohnarbeit

لنلق نظرة الآن على العمل المأجور

Der Durchschnittspreis der Lohnarbeit ist der Mindestlohn, d.h. das Quantum der Lebensmittel

متوسط سعر العمل المأجور هو الحد الأدنى للأجور، أي مقدار وسائل العيش.

Dieser Lohn ist für die bloße Existenz als Arbeiter absolut notwendig

هذا الأجر مطلوب تماما في الوجود العاري كعامل

Was sich also der Lohnarbeiter durch seine Arbeit aneignet, genügt nur, um ein bloßes Dasein zu verlängern und zu reproduzieren

وبالتالي، فإن ما يستحوذ عليه العامل المأجور من خلال عمله، يكفي فقط لإطالة أمد وإعادة إنتاج وجود مجرد

Wir beabsichtigen keineswegs, diese persönliche Aneignung der Arbeitsprodukte abzuschaffen

نحن لا ننوي بأي حال من الأحوال إلغاء هذا الاستيلاء الشخصي على منتجات العمل

eine Aneignung, die für die Erhaltung und Reproduktion des menschlichen Lebens bestimmt ist

اعتماد مخصص لصيانة الحياة البشرية وإعادة إنتاجها

Eine solche persönliche Aneignung der Arbeitsprodukte lässt keinen Überschuss übrig, mit dem man die Arbeit anderer befehlen könnte

مثل هذا الاستيلاء الشخصي على منتجات العمل لا يترك فائضا لقيادة عمل الآخرين

Alles, was wir beseitigen wollen, ist der erbärmliche Charakter dieser Aneignung

كل ما نريد التخلص منه هو الطابع البائس لهذا الاستيلاء

die Aneignung, unter der der Arbeiter lebt, bloß um das Kapital zu vermehren

التخصيص الذي يعيش بموجبه العامل لمجرد زيادة رأس المال

Er darf nur leben, soweit es das Interesse der herrschenden Klasse erfordert

لا يسمح له بالعيش إلا بقدر ما تقتضيه مصلحة الطبقة الحاكمة.

In der Bourgeoisie Gesellschaft ist die lebendige Arbeit nur ein Mittel, um die akkumulierte Arbeit zu vermehren

في المجتمع البرجوازي، العمل الحي ليس سوى وسيلة لزيادة العمل المتراكم

In der kommunistischen Gesellschaft ist die akkumulierte Arbeit nur ein Mittel, um die Existenz des Arbeiters zu erweitern, zu bereichern und zu fördern

في المجتمع الشيوعي ، العمل المتراكم ليس سوى وسيلة لتوسيع وإثراء وتعزيز وجود العامل

In der Bourgeoisie Gesellschaft dominiert daher die Vergangenheit die Gegenwart

في المجتمع البرجوازي ، لذلك ، يهيمن الماضي على الحاضر

In der kommunistischen Gesellschaft dominiert die Gegenwart die Vergangenheit

في المجتمع الشيوعي الحاضر يهيمن على الماضي

In der Bourgeoisie Gesellschaft ist das Kapital unabhängig und hat Individualität

في المجتمع البرجوازي رأس المال مستقل وله فردية

In der Bourgeoisie Gesellschaft ist der lebende Mensch abhängig und hat keine Individualität

في المجتمع البرجوازي ، يكون الشخص الحي تابعا وليس له فردية.

Und die Abschaffung dieses Zustandes wird von der Bourgeoisie als Abschaffung der Individualität und Freiheit bezeichnet!

وإلغاء هذه الحالة من الأشياء تسميه البرجوازية ، إلغاء الفردية والحرية!

Und man nennt sie mit Recht die Abschaffung von Individualität und Freiheit!

ويسمى بحق إلغاء الفردية والحرية!

Der Kommunismus strebt die Abschaffung der Bourgeoisie Individualität an

الشيوعية تهدف إلى إلغاء الفردية البرجوازية

Der Kommunismus strebt die Abschaffung der Unabhängigkeit der Bourgeoisie an

الشيوعية تعتزم إلغاء استقلال البرجوازية

Die BourgeoisieFreiheit ist zweifellos das, was der Kommunismus anstrebt

حرية البرجوازية هي بلا شك ما تهدف إليه الشيوعية

unter den gegenwärtigen Bourgeoisie Produktionsbedingungen bedeutet Freiheit freien Handel, freien Verkauf und freien Kauf

في ظل ظروف الإنتاج البرجوازية الحالية ، تعني الحرية التجارة الحرة والبيع والشراء الحر

Aber wenn das Verkaufen und Kaufen verschwindet, verschwindet auch das freie Verkaufen und Kaufen

اما اذا اختفى البيع والشراء اختفى البيع والشراء الحر ايضا

"Mutige Worte" der Bourgeoisie über den freien Verkauf und Kauf haben nur eine begrenzte Bedeutung

الكلمات الشجاعة "من قبل البرجوازية حول البيع والشراء الحر لها معنى"
محدود فقط

Diese Worte haben nur im Gegensatz zu eingeschränktem
Verkauf und Kauf eine Bedeutung

هذه الكلمات لها معنى فقط على عكس البيع والشراء المقيد.

und diese Worte haben nur dann eine Bedeutung, wenn sie
auf die gefesselten Händler des Mittelalters angewandt
werden

وهذه الكلمات لها معنى فقط عند تطبيقها على التجار المقيدين في العصور
الوسطى

und das setzt voraus, dass diese Worte überhaupt eine
Bedeutung im Bourgeoisie Sinne haben

وهذا يفترض أن هذه الكلمات لها معنى بالمعنى البرجوازي

aber diese Worte haben keine Bedeutung, wenn sie
gebraucht werden, um sich gegen die kommunistische
Abschaffung des Kaufens und Verkaufens zu wehren

لكن هذه الكلمات ليس لها معنى عندما يتم استخدامها لمعارضة الإلغاء
الشيوعي للشراء والبيع

die Worte haben keine Bedeutung, wenn sie gebraucht
werden, um sich gegen die Abschaffung der Bourgeoisie
Produktionsbedingungen zu wehren

الكلمات ليس لها معنى عندما يتم استخدامها لمعارضة إلغاء شروط الإنتاج
البرجوازية

und sie haben keine Bedeutung, wenn sie benutzt werden,
um sich gegen die Abschaffung der Bourgeoisie selbst zu
wehren

وليس لها أي معنى عندما يتم استخدامها لمعارضة إلغاء البرجوازية نفسها

Sie sind entsetzt über unsere Absicht, das Privateigentum
abzuschaffen

أنت مرعوب من نيتنا التخلص من الممتلكات الخاصة

Aber in eurer jetzigen Gesellschaft ist das Privateigentum
für neun Zehntel der Bevölkerung bereits abgeschafft

ولكن في مجتمعك الحالي ، تم بالفعل التخلص من الملكية الخاصة لتسعة
أعشار السكان

Die Existenz des Privateigentums für einige wenige beruht einzig und allein darauf, dass es in den Händen von neun Zehnteln der Bevölkerung nicht existiert

إن وجود الملكية الخاصة للقلة يرجع فقط إلى عدم وجودها في أيدي تسعة أعشار السكان

Sie werfen uns also vor, daß wir eine Form des Eigentums abschaffen wollen

أنت تلومنا ، لذلك ، بنية التخلص من شكل من أشكال الملكية

Aber das Privateigentum erfordert für die ungeheure Mehrheit der Gesellschaft die Nichtexistenz jeglichen Eigentums

لكن الملكية الخاصة تستلزم عدم وجود أي ممتلكات للغالبية العظمى من المجتمع

Mit einem Wort, Sie werfen uns vor, daß wir Ihr Eigentum beseitigen wollen

بكلمة واحدة ، أنت تلومنا على نية التخلص من ممتلكاتك

Und genau so ist es; Ihr Eigentum abzuschaffen, ist genau das, was wir beabsichtigen

وهذا هو بالضبط كذلك. التخلص من الممتلكات الخاصة بك هو بالضبط ما نعتزم

Von dem Augenblick an, wo die Arbeit nicht mehr in Kapital, Geld oder Rente verwandelt werden kann

من اللحظة التي لم يعد من الممكن فيها تحويل العمل إلى رأس مال أو مال أو إيجار

wenn die Arbeit nicht mehr in eine gesellschaftliche Macht umgewandelt werden kann, die monopolisiert werden kann

عندما لا يعود من الممكن تحويل العمل إلى قوة اجتماعية قادرة على الاحتكار

von dem Augenblick an, wo das individuelle Eigentum nicht mehr in Bourgeoisie Eigentum verwandelt werden kann

من اللحظة التي لم يعد من الممكن فيها تحويل الملكية الفردية إلى ملكية برجوازية

von dem Augenblick an, wo das individuelle Eigentum nicht mehr in Kapital verwandelt werden kann

من اللحظة التي لم يعد من الممكن فيها تحويل الملكية الفردية إلى رأس مال

Von diesem Moment an sagst du, dass die Individualität
verschwindet

من تلك اللحظة ، تقول إن الفردية تختفي

Sie müssen also gestehen, daß Sie mit »Individuum« keine
andere Person meinen als die Bourgeoisie

لذلك يجب أن تعترف بأنك لا تعني بكلمة "فرد "أي شخص آخر غير
البرجوازية.

Sie müssen zugeben, dass es sich speziell auf den
Bourgeoisie Eigentümer von Immobilien bezieht

يجب أن تعترف أنه يشير على وجه التحديد إلى مالك العقار من الطبقة
الوسطى

Diese Person muss in der Tat aus dem Weg geräumt und
unmöglich gemacht werden

يجب بالفعل أن يجرف هذا الشخص بعيدا عن الطريق ، ويصبح مستحيلا

Der Kommunismus beraubt niemanden der Macht, sich die
Produkte der Gesellschaft anzueignen

الشيوعية لا تحرم أي إنسان من القدرة على الاستيلاء على منتجات
المجتمع

Alles, was der Kommunismus tut, ist, ihm die Macht zu
nehmen, die Arbeit anderer durch eine solche Aneignung zu
unterjochen

كل ما تفعله الشيوعية هو حرمانه من القدرة على إخضاع عمل الآخرين
عن طريق هذا الاستيلاء

Man hat eingewendet, daß mit der Abschaffung des
Privateigentums alle Arbeit aufhören werde

وقد اعترض على أنه عند إلغاء الملكية الخاصة ستتوقف جميع الأعمال

Und dann wird suggeriert, dass uns die universelle Faulheit
überwältigen wird

ثم يقترح أن الكسل العالمي سوف يتفوق علينا

Demnach hätte die BourgeoisieGesellschaft schon längst vor
lauter Müßiggang vor die Hunde gehen müssen

وفقا لهذا ، كان يجب على المجتمع البرجوازي منذ فترة طويلة أن يذهب
إلى من خلال الكسل المطلق

denn diejenigen ihrer Mitglieder, die arbeiten, erwerben
nichts

لأن أولئك الذين يعملون من أعضائها ، لا يكتسبون شيئا

und diejenigen von ihren Mitgliedern, die etwas erwerben, arbeiten nicht

وأولئك من أعضائها الذين يحصلون على أي شيء ، لا يعملون

Der ganze Einwand ist nur ein weiterer Ausdruck der Tautologie

كل هذا الاعتراض ليس سوى تعبير آخر عن الحشو

Es kann keine Lohnarbeit mehr geben, wenn es kein Kapital mehr gibt

لا يمكن أن يكون هناك أي عمل مأجور عندما لا يكون هناك أي رأس مال

Es gibt keinen Unterschied zwischen materiellen und mentalen Produkten

لا يوجد فرق بين المنتجات المادية والمنتجات العقلية

Der Kommunismus schlägt vor, dass beides auf die gleiche Weise produziert wird

تقترح الشيوعية أن يتم إنتاج كلاهما بنفس الطريقة

aber die Einwände gegen die kommunistischen Produktionsweisen sind dieselben

لكن الاعتراضات ضد الأنماط الشيوعية لإنتاج هذه هي نفسها

Für die Bourgeoisie ist das Verschwinden des Klasseneigentums das Verschwinden der Produktion selbst

بالنسبة للبرجوازية ، فإن اختفاء الملكية الطبقية هو اختفاء الإنتاج نفسه

So ist für ihn das Verschwinden der Klassenkultur identisch mit dem Verschwinden aller Kultur

لذا فإن اختفاء الثقافة الطبقية بالنسبة له مطابق لاختفاء كل ثقافة

Diese Kultur, deren Verlust er beklagt, ist für die überwiegende Mehrheit ein bloßes Training, um als Maschine zu agieren

هذه الثقافة ، التي يأسف لفقدانها ، هي بالنسبة للغالبية العظمى مجرد تدريب للعمل كآلة

Die Kommunisten haben die Absicht, die Kultur des Bourgeoisie Eigentums abzuschaffen

يعتزم الشيوعيون بشدة إلغاء ثقافة الملكية البرجوازية

Aber zankt euch nicht mit uns, solange ihr den Maßstab eurer Bourgeoisie Vorstellungen von Freiheit, Kultur, Recht usw. anlegt

لكن لا تتجادلوا معنا طالما أنكم تطبقون معيار مفاهيمكم البرجوازية عن الحرية والثقافة والقانون وما إلى ذلك.

Eure Ideen selbst sind nur die Auswüchse der Bedingungen eurer Bourgeoisie Produktion und eures Bourgeoisie Eigentums

إن أفكاركم ذاتها ليست سوى نتاج ظروف إنتاجكم البرجوازي وممتلكاتكم البرجوازية

so wie eure Jurisprudenz nichts anderes ist als der Wille eurer Klasse, der zum Gesetz für alle gemacht wurde

كما أن اجتهادكم ما هو إلا إرادة طبقتكم التي تحولت إلى قانون للجميع

Der wesentliche Charakter und die Richtung dieses Willens werden durch die ökonomischen Bedingungen bestimmt, die Ihre soziale Klasse schafft

يتم تحديد الطابع الأساسي واتجاه هذه الإرادة من خلال الظروف الاقتصادية التي تخلقها طبقتك الاجتماعية

Der selbstsüchtige Irrtum, der dich veranlaßt, soziale Formen in ewige Gesetze der Natur und der Vernunft zu verwandeln

المفهوم الخاطئ الأناني الذي يدفعك إلى تحويل الأشكال الاجتماعية إلى قوانين أبدية للطبيعة والعقل

die gesellschaftlichen Formen, die aus eurer gegenwärtigen Produktionsweise und Eigentumsform entspringen

الأشكال الاجتماعية المنبثقة من نمط الإنتاج الحالي وشكل الملكية

historische Beziehungen, die im Fortschritt der Produktion auf- und verschwinden

العلاقات التاريخية التي ترتفع وتختفي في تقدم الإنتاج

Dieses Missverständnis teilt ihr mit jeder herrschenden Klasse, die euch vorausgegangen ist

هذا المفهوم الخاطئ الذي تشاركه مع كل طبقة حاكمة سبقتك

Was Sie bei antikem Eigentum klar sehen, was Sie bei feudalem Eigentum zugeben

ما تراه بوضوح في حالة الملكية القديمة ، ما تعترف به في حالة الملكية الإقطاعية

diese Dinge dürfen Sie natürlich nicht zugeben, wenn es sich um Ihre eigene BourgeoisieEigentumsform handelt

هذه الأشياء ممنوع عليك بالطبع الاعتراف بها في حالة شكل الملكية البرجوازية الخاص بك

Abschaffung der Familie! Selbst die Radikalsten entrüsten sich über diesen infamen Vorschlag der Kommunisten

إلغاء الأسرة !حتى أكثر الراديكالية اشتعال في هذا الاقتراح سيئ السمعة للشيوعيين

Auf welcher Grundlage beruht die heutige Familie, die BourgeoisieFamilie?

على أي أساس تقوم الأسرة الحالية ، عائلة البرجوازية؟

Die Gründung der heutigen Familie beruht auf Kapital und privatem Gewinn

يعتمد أساس الأسرة الحالية على رأس المال والمكاسب الخاصة

In ihrer voll entwickelten Form existiert diese Familie nur unter der Bourgeoisie

في شكلها المتطور تماما ، هذه العائلة موجودة فقط بين البرجوازية

Dieser Zustand der Dinge findet seine Ergänzung in der praktischen Abwesenheit der Familie bei den Proletariern

هذه الحالة من الأشياء تجد تكملتها في الغياب العملي للعائلة بين البروليتاريين.

Dieser Zustand ist in der öffentlichen Prostitution zu finden

يمكن العثور على هذه الحالة من الأشياء في الدعارة العامة

Die BourgeoisieFamilie wird wie selbstverständlich verschwinden, wenn ihr Komplement verschwindet

ستختفي العائلة البرجوازية بطبيعة الحال عندما يختفي مكملتها

Und beides wird mit dem Verschwinden des Kapitals verschwinden

وكلاهما سوف يختفي مع تلاشي رأس المال

Werfen Sie uns vor, dass wir die Ausbeutung von Kindern durch ihre Eltern stoppen wollen?

هل تتهموننا بالرغبة في وقف استغلال الأطفال من قبل والديهم؟

Diesem Verbrechen bekennen wir uns schuldig

نعترف بالذنب في هذه الجريمة

Aber, werden Sie sagen, wir zerstören die heiligsten Beziehungen, wenn wir die häusliche Erziehung durch die soziale Erziehung ersetzen

ولكن، كما ستقولون، نحن ندمر أقدس العلاقات، عندما نستبدل التعليم المنزلي بالتعليم الاجتماعي.

Ist Ihre Erziehung nicht auch sozial? Und wird sie nicht von den gesellschaftlichen Bedingungen bestimmt, unter denen man erzieht?

أليس تعليمك اجتماعيا أيضا؟ وألا تحدده الظروف الاجتماعية التي تتعلمون في ظلها؟

durch direkte oder indirekte Eingriffe in die Gesellschaft, durch Schulen usw.

، من خلال التدخل المباشر أو غير المباشر للمجتمع ، عن طريق المدارس إلخ.

Die Kommunisten haben die Einmischung der Gesellschaft in die Erziehung nicht erfunden

الشيوعيون لم يخترعوا تدخل المجتمع في التعليم

Sie versuchen lediglich, den Charakter dieses Eingriffs zu ändern

إنهم يفعلون ذلك لكنهم يسعون إلى تغيير طابع هذا التدخل

Und sie versuchen, das Bildungswesen vor dem Einfluss der herrschenden Klasse zu retten

ويسعون إلى إنقاذ التعليم من تأثير الطبقة الحاكمة

Die Bourgeoisie spricht von der geheiligten Beziehung von Eltern und Kind

تتحدث البرجوازية عن العلاقة المشتركة المقدسة بين الوالدين والطفل

aber dieses Geschwätz über die Familie und die Erziehung wird um so widerwärtiger, wenn wir die moderne Industrie betrachten

لكن فخ التصفيق هذا حول الأسرة والتعليم يصبح أكثر إثارة للاشمئزاز عندما ننظر إلى الصناعة الحديثة

Alle Familienbande unter den Proletariern werden durch die moderne Industrie zerrissen

تمزق جميع الروابط الأسرية بين البروليتاريين بسبب الصناعة الحديثة

ihre Kinder werden zu einfachen Handelsartikeln und Arbeitsinstrumenten

يتم تحويل أطفالهم إلى مواد تجارية بسيطة وأدوات عمل

Aber ihr Kommunisten würdet eine Gemeinschaft von Frauen schaffen, schreit die ganze Bourgeoisie im Chor

لكنكم أيها الشيوعيون ستخلقون مجتمعا من النساء ، تصرخ البرجوازية بأكملها في جوقة

Die Bourgeoisie sieht in seiner Frau ein bloßes Produktionsinstrument

يرى البرجوازي في زوجته مجرد أداة للإنتاج

Er hört, dass die Produktionsmittel von allen ausgebeutet werden sollen

يسمع أن أدوات الإنتاج يجب أن يستغلها الجميع

Und natürlich kann er zu keinem anderen Schluß kommen, als daß das Los, allen gemeinsam zu sein, auch den Frauen zufallen wird

وبطبيعة الحال ، لا يمكنه التوصل إلى أي استنتاج آخر سوى أن الكثير من القواسم المشتركة بين الجميع ستقع بالمثل على النساء.

Er hat nicht einmal den geringsten Verdacht, dass es in Wirklichkeit darum geht, die Stellung der Frau als bloße Produktionsinstrumente abzuschaffen

ليس لديه حتى شك في أن الهدف الحقيقي هو التخلص من وضع المرأة كمجرد أدوات للإنتاج.

Im übrigen ist nichts lächerlicher als die tugendhafte Empörung unserer Bourgeoisie über die Gemeinschaft der Frauen

بالنسبة للبقية، ليس هناك ما هو أكثر سخافة من السخط الفاضل لبرجوازيتنا على مجتمع النساء.

sie tun so, als ob sie von den Kommunisten offen und offiziell eingeführt werden sollte

يتظاهرون بأنه سيتم تأسيسها بشكل علني ورسمي من قبل الشيوعيين

Die Kommunisten haben es nicht nötig, die Gemeinschaft der Frauen einzuführen, sie existiert fast seit undenklichen Zeiten

الشيوعيون ليسوا بحاجة إلى إدخال مجتمع من النساء ، فقد كان موجودا منذ زمن سحيق تقريبا

Unsere Bourgeoisie begnügt sich nicht damit, die Frauen und Töchter ihrer Proletarier zur Verfügung zu haben

إن برجوازيتنا لا تكتفي بوجود زوجات وبنات البروليتاريين تحت تصرفها.

Sie haben das größte Vergnügen daran, ihre Frauen gegenseitig zu verführen

يأخذون أكبر متعة في إغواء زوجات بعضهم البعض

Und das ist noch nicht einmal von gewöhnlichen Prostituierten zu sprechen

وهذا لا يعني حتى الحديث عن البغايا العاديات

Die BourgeoisieEhe ist in Wirklichkeit ein System gemeinsamer Ehefrauen

الزواج البرجوازي هو في الواقع نظام زوجات مشترك

dann gibt es eine Sache, die man den Kommunisten vielleicht vorwerfen könnte

ثم هناك شيء واحد يمكن أن يلوم الشيوعيين عليه

Sie wollen eine offen legalisierte Gemeinschaft von Frauen einführen

إنهم يرغبون في تقديم مجتمع نسائي قانوني بشكل علني

statt einer heuchlerisch verhüllten Gemeinschaft von Frauen

بدلا من مجتمع نسائي مخفي بشكل منافق

Die Gemeinschaft der Frauen, die aus dem Produktionssystem hervorgegangen ist

مجتمع المرأة المنبثق من نظام الإنتاج

Schafft das Produktionssystem ab, und ihr schafft die Gemeinschaft der Frauen ab

ألغوا نظام الإنتاج، وأنتم تلغون مجتمع النساء

Sowohl die öffentliche Prostitution als auch die private Prostitution wird abgeschafft

إلغاء كل من الدعارة العامة والدعارة الخاصة

Den Kommunisten wird noch dazu vorgeworfen, sie wollten Länder und Nationalitäten abschaffen

الشيوعيون أكثر لوما على رغبتهم في إلغاء البلدان والقومية.

Die Arbeiter haben kein Vaterland, also können wir ihnen nicht nehmen, was sie nicht haben

العمال ليس لديهم وطن، لذلك لا يمكننا أن نأخذ منهم ما لم يحصلوا عليه

Das Proletariat muss vor allem die politische Herrschaft erlangen

يجب على البروليتاريا أولا وقبل كل شيء الحصول على السيادة السياسية

Das Proletariat muss sich zur führenden Klasse der Nation erheben

يجب أن تنهض البروليتاريا لتكون الطبقة الرائدة في الأمة

Das Proletariat muss sich zur Nation konstituieren

يجب أن تشكل البروليتاريا نفسها الأمة

sie ist bis jetzt selbst national, wenn auch nicht im Bourgeoisie Sinne des Wortes

إنها ، حتى الآن ، وطنية ، وإن لم يكن بالمعنى البرجوازي للكلمة

Nationale Unterschiede und Gegensätze zwischen den Völkern verschwinden täglich mehr und mehr

الخلافات والعداوات الوطنية بين الشعوب تتلاشى يوميا أكثر فأكثر

der Entwicklung der Bourgeoisie, der Freiheit des Handels, des Weltmarktes

بسبب تطور البرجوازية ، وحرية التجارة ، والسوق العالمية

zur Gleichförmigkeit der Produktionsweise und der ihr entsprechenden Lebensbedingungen

إلى التوحيد في نمط الإنتاج وفي ظروف الحياة المقابلة له

Die Herrschaft des Proletariats wird sie noch schneller verschwinden lassen

سيادة البروليتاريا ستؤدي إلى اختفائها بشكل أسرع

Die einheitliche Aktion, wenigstens der führenden zivilisierten Länder, ist eine der ersten Bedingungen für die Befreiung des Proletariats

إن العمل الموحد، للبلدان المتحضرة الرائدة على الأقل، هو أحد الشروط الأولى لتحرير البروليتاريا.

In dem Maße, wie der Ausbeutung eines Individuums durch ein anderes ein Ende gesetzt wird, wird auch der Ausbeutung einer Nation durch eine andere ein Ende gesetzt.

بالتناسب مع وضع حد لاستغلال فرد من قبل شخص آخر ، فإن استغلال أمة من قبل دولة أخرى سيتم أيضا وضع حد له

In dem Maße, wie der Antagonismus zwischen den Klassen innerhalb der Nation verschwindet, wird die Feindschaft einer Nation gegen die andere ein Ende haben

بالتناسب مع تلاشي العداء بين الطبقات داخل الأمة ، سينتهي عداء أمة لأخرى

Die Anschuldigungen gegen den Kommunismus, die von einem religiösen, philosophischen und allgemein von einem

ideologischen Standpunkt aus erhoben werden, verdienen
keine ernsthafte Prüfung

إن التهم الموجهة ضد الشيوعية من وجهة نظر دينية وفلسفية ، وبشكل عام
من وجهة نظر أيديولوجية ، لا تستحق فحصا جادا

Braucht es eine tiefe Intuition, um zu begreifen, dass sich
die Ideen, Ansichten und Vorstellungen des Menschen mit
jeder Veränderung der Bedingungen seiner materiellen
Existenz ändern?

هل يتطلب الأمر حدسا عميقا لفهم أن أفكار الإنسان وآرائه وتصوراته
تتغير مع كل تغيير في ظروف وجوده المادي؟

Ist es nicht offensichtlich, dass das Bewusstsein des
Menschen sich Verändert, wenn seine sozialen Beziehungen
und sein soziales Leben ändern?

أليس من الواضح أن وعي الإنسان يتغير عندما تتغير علاقاته الاجتماعية
وحياته الاجتماعية؟

Was beweist die Ideengeschichte anderes, als daß die
geistige Produktion ihren Charakter in dem Maße ändert,
wie die materielle Produktion verändert wird?

ماذا يثبت تاريخ الأفكار ، غير أن الإنتاج الفكري يغير طابعه بالتناسب مع
تغير الإنتاج المادي؟

Die herrschenden Ideen eines jeden Zeitalters waren immer
die Ideen seiner herrschenden Klasse

الأفكار الحاكمة في كل عصر كانت أفكار الطبقة الحاكمة

Wenn Menschen von Ideen sprechen, die die Gesellschaft
revolutionieren, drücken sie nur eine Tatsache aus

عندما يتحدث الناس عن الأفكار التي تحدث ثورة في المجتمع ، فإنهم
يفعلون ذلك ولكنهم يعبرون عن حقيقة واحدة

Innerhalb der alten Gesellschaft wurden die Elemente einer
neuen geschaffen

داخل المجتمع القديم ، تم إنشاء عناصر مجتمع جديد

und daß die Auflösung der alten Ideen mit der Auflösung
der alten Daseinsverhältnisse Schritt hält

وأن انحلال الأفكار القديمة يواكب انحلال الظروف القديمة للوجود

Als die Antike in den letzten Zügen lag, wurden die alten
Religionen vom Christentum überwunden

عندما كان العالم القديم في مخاضه الأخير ، تغلبت المسيحية على الأديان القديمة

Als die christlichen Ideen im 18. Jahrhundert den rationalistischen Ideen erlagen, kämpfte die feudale Gesellschaft ihren Todeskampf mit der damals revolutionären Bourgeoisie

عندما استسلمت الأفكار المسيحية في القرن 18 للأفكار العقلانية ، خاض المجتمع الإقطاعي معركة الموت مع البرجوازية الثورية آنذاك

Die Ideen der Religions- und Gewissensfreiheit brachten lediglich die Herrschaft des freien Wettbewerbs auf dem Gebiet des Wissens zum Ausdruck

إن أفكار الحرية الدينية وحرية الضمير لم تعبر إلا عن تأثير المنافسة الحرة في مجال المعرفة.

"Zweifellos", wird man sagen, "sind religiöse, moralische, philosophische und juristische Ideen im Laufe der geschichtlichen Entwicklung modifiziert worden"

"مما لا شك فيه أن الأفكار الدينية والأخلاقية والفلسفية والقانونية قد تم تعديلها في سياق التطور التاريخي"

"Aber Religion, Moralphilosophie, Politikwissenschaft und Recht überlebten diesen Wandel ständig."

"لكن الدين وفلسفة الأخلاق والعلوم السياسية والقانون نجت باستمرار من هذا التغيير"

"Es gibt auch ewige Wahrheiten, wie Freiheit, Gerechtigkeit usw."

"هناك أيضا حقائق أبدية ، مثل الحرية والعدالة وما إلى ذلك"

"Diese ewigen Wahrheiten sind allen Zuständen der Gesellschaft gemeinsam"

"هذه الحقائق الأبدية مشتركة بين جميع حالات المجتمع"

"Aber der Kommunismus schafft die ewigen Wahrheiten ab, er schafft alle Religion und alle Moral ab."

"لكن الشيوعية تلغي الحقائق الأبدية ، وتلغي كل الدين ، وكل الأخلاق"

"Sie tut dies, anstatt sie auf einer neuen Grundlage zu konstituieren"

"إنها تفعل ذلك بدلا من تشكيلها على أساس جديد"

"Sie handelt daher im Widerspruch zu allen bisherigen historischen Erfahrungen"

"لذلك فهو يتناقض مع كل التجارب التاريخية الماضية"

Worauf reduziert sich dieser Vorwurf?

إلى ماذا يختزل هذا الاتهام؟

Die Geschichte aller vergangenen Gesellschaften hat in der Entwicklung von Klassengegensätzen bestanden

تألف تاريخ كل المجتمع الماضي في تطور العداوات الطبقية.

Antagonismen, die in verschiedenen Epochen unterschiedliche Formen annahmen

التناقضات التي اتخذت أشكالا مختلفة في عصور مختلفة

Aber welche Form sie auch immer angenommen haben mögen, eine Tatsache ist allen vergangenen Zeitaltern gemeinsam

ولكن مهما كان الشكل الذي اتخذوه ، هناك حقيقة واحدة مشتركة بين جميع العصور الماضية

die Ausbeutung eines Teils der Gesellschaft durch den anderen

استغلال جزء من المجتمع من قبل الأخر

Kein Wunder also, dass sich das gesellschaftliche Bewußtsein vergangener Zeiten innerhalb gewisser allgemeiner Formen oder allgemeiner Vorstellungen bewegt

لا عجب إذن أن يتحرك الوعي الاجتماعي في العصور الماضية ضمن أشكال مشتركة معينة ، أو أفكار عامة.

(und das trotz aller Vielfalt und Vielfalt, die es zeigt)

(وهذا على الرغم من كل التعدد والتنوع الذي يعرضه)

Und diese können nur mit dem gänzlichen Verschwinden der Klassengegensätze völlig verschwinden

ولا يمكن أن تختفي هذه تماما إلا مع الاختفاء التام للعداوات الطبقية.

Die kommunistische Revolution ist der radikalste Bruch mit den traditionellen Eigentumsverhältnissen

الثورة الشيوعية هي القطيعة الأكثر جذرية مع علاقات الملكية التقليدية

Kein Wunder, dass ihre Entwicklung den radikalsten Bruch mit den traditionellen Vorstellungen mit sich bringt

لا عجب أن تطورها ينطوي على تمزق جذري مع الأفكار التقليدية.

Aber lassen wir die Einwände der Bourgeoisie gegen den Kommunismus hinter uns

لكن دعونا نفعل مع اعتراضات البرجوازية على الشيوعية

Wir haben oben den ersten Schritt der Arbeiterklasse in der
Revolution gesehen

لقد رأينا أعلاه الخطوة الأولى في الثورة من قبل الطبقة العاملة

Das Proletariat muss zur Herrschaft erhoben werden, um
den Kampf der Demokratie zu gewinnen

يجب رفع البروليتاريا إلى موقع الحكم، لكسب معركة الديمقراطية.

Das Proletariat wird seine politische Vorherrschaft
benutzen, um der Bourgeoisie nach und nach alles Kapital
zu entreißen

ستستخدم البروليتاريا تفوقها السياسي لانتزاع كل رأس المال من
البرجوازية بدرجات.

sie wird alle Produktionsmittel in den Händen des Staates
zentralisieren

ستركز جميع أدوات الإنتاج في أيدي الدولة

Mit anderen Worten, das Proletariat organisierte sich als
herrschende Klasse

وبعبارة أخرى، نظمت البروليتاريا كطبقة حاكمة

Und sie wird die Summe der Produktivkräfte so schnell wie
möglich vermehren

وسيزيد من مجموع القوى المنتجة في أسرع وقت ممكن

Natürlich kann dies anfangs nur durch despotische Eingriffe
in die Eigentumsrechte geschehen

بالطبع ، في البداية ، لا يمكن تحقيق ذلك إلا عن طريق الاختراقات
الاستبدادية لحقوق الملكية

und sie muss unter den Bedingungen der Bourgeoisie
Produktion erreicht werden

ويجب أن يتحقق ذلك وفقا لظروف الإنتاج البرجوازي

Sie wird also durch Maßnahmen erreicht, die wirtschaftlich
unzureichend und unhaltbar erscheinen

يتم تحقيقه عن طريق التدابير ، وبالتالي ، والتي تبدو غير كافية اقتصاديا
ولا يمكن الدفاع عنها.

aber diese Mittel überflügeln sich im Laufe der Bewegung
selbst

لكن هذه الوسائل ، في سياق الحركة ، تفوق نفسها

sie erfordern weitere Eingriffe in die alte
Gesellschaftsordnung

إنها تتطلب المزيد من الاختراقات على النظام الاجتماعي القديم

und sie sind unvermeidlich, um die Produktionsweise völlig zu revolutionieren

وهي لا مفر منها كوسيلة لإحداث ثورة كاملة في نمط الإنتاج

Diese Maßnahmen werden natürlich in den verschiedenen Ländern unterschiedlich sein

ستكون هذه التدابير بالطبع مختلفة في مختلف البلدان

Nichtsdestotrotz wird in den am weitesten fortgeschrittenen Ländern das Folgende ziemlich allgemein anwendbar sein

ومع ذلك ، في البلدان الأكثر تقدما ، سيكون ما يلي قابلا للتطبيق بشكل عام

1. Abschaffung des Grundeigentums und Verwendung aller Grundrenten für öffentliche Zwecke.

إلغاء الملكية في الأراضي وتطبيق جميع إيجارات الأراضي للأغراض العامة.

2. Eine hohe progressive oder abgestufte Einkommensteuer.

ضريبة دخل تصاعدية أو متدرجة ثقيلة .

3. Abschaffung jeglichen Erbrechts.

إلغاء جميع حقوق الميراث .

4. Konfiskation des Eigentums aller Emigranten und Rebellen.

مصادرة ممتلكات جميع المهاجرين والمتمردين .

5. Zentralisierung des Kredits in den Händen des Staates durch eine Nationalbank mit staatlichem Kapital und ausschließlichem Monopol.

مركزية الائتمان في يد الدولة، عن طريق بنك وطني برأس مال الدولة واحتكار حصري.

6. Zentralisierung der Kommunikations- und Transportmittel in den Händen des Staates.

مركزية وسائل الاتصال والنقل في يد الدولة .

7. Ausbau der Fabriken und Produktionsmittel im Eigentum des Staates

توسعة المصانع وأدوات الإنتاج المملوكة للدولة -

die Kultivierung von Ödland und die Verbesserung des Bodens überhaupt nach einem gemeinsamen Plan.

جلب الأراضي البور إلى الزراعة ، وتحسين التربة بشكل عام وفقا لخطة مشتركة.

8. Gleiche Haftung aller für die Arbeit

المسؤولية المتساوية للجميع عن العمل

Aufbau von Industriearmeen, vor allem für die Landwirtschaft.

إنشاء الجيوش الصناعية ، وخاصة للزراعة.

9. Kombination der Landwirtschaft mit dem verarbeitenden Gewerbe

مزيج من الزراعة مع الصناعات التحويلية

allmähliche Aufhebung der Unterscheidung zwischen Stadt und Land durch eine gleichmäßigere Verteilung der Bevölkerung über das Land.

الإلغاء التدريجي للتمييز بين المدينة والريف ، من خلال توزيع أكثر مساواة للسكان في جميع أنحاء البلاد.

10. Kostenlose Bildung für alle Kinder in öffentlichen Schulen.

التعليم المجاني لجميع الأطفال في المدارس العامة .

Abschaffung der Kinderfabrikarbeit in ihrer jetzigen Form

إلغاء عمل الأطفال في المصانع بشكله الحالي

Kombination von Bildung und industrieller Produktion

مزيج من التعليم مع الإنتاج الصناعي

Wenn im Laufe der Entwicklung die Klassenunterschiede verschwunden sind

عندما تختفي الفروق الطبقية في سياق التطور

und wenn die ganze Produktion in den Händen einer ungeheuren Assoziation der ganzen Nation konzentriert ist

وعندما يتركز كل الإنتاج في أيدي جمعية واسعة من الأمة كلها

dann verliert die Staatsgewalt ihren politischen Charakter

عندها ستفقد السلطة العامة طابعها السياسي

Politische Macht, eigentlich so genannt, ist nichts anderes als die organisierte Macht einer Klasse, um eine andere zu unterdrücken

السلطة السياسية ، التي تسمى بشكل صحيح ، هي مجرد قوة منظمة لطبقة واحدة لقمع طبقة أخرى

Wenn das Proletariat in seinem Kampf mit der Bourgeoisie durch die Gewalt der Umstände gezwungen ist, sich als Klasse zu organisieren

، إذا اضطرت البروليتاريا خلال صراعها مع البرجوازية ، بقوة الظروف إلى تنظيم نفسها كطبقة

wenn sie sich durch eine Revolution zur herrschenden Klasse macht

إذاً، عن طريق الثورة، جعلت نفسها الطبقة الحاكمة

und als solche fegt sie mit Gewalt die alten Produktionsbedingungen hinweg

وعلى هذا النحو ، فإنه يجرف بالقوة ظروف الإنتاج القديمة

dann wird sie mit diesen Bedingungen auch die Bedingungen für die Existenz der Klassengegensätze und der Klassen überhaupt hinweggefegt haben

عندها ، إلى جانب هذه الظروف ، قد جرفت شروط وجود التناقضات الطبقية والطبقات بشكل عام.

und wird damit seine eigene Vorherrschaft als Klasse aufgehoben haben.

وبذلك تكون قد ألغت تفوقها كطبقة.

An die Stelle der alten Bourgeoisie Gesellschaft mit ihren Klassen und Klassengegensätzen treten eine Assoziation

بدلا من المجتمع البرجوازي القديم، بطبقاته وتناقضاته الطبقية، سيكون لدينا رابطة.

eine Assoziation, in der die freie Entwicklung eines jeden die Bedingung für die freie Entwicklung aller ist

جمعية يكون فيها التطور الحر لكل فرد شرطا للتطور الحر للجميع

1) Reaktionärer Sozialismus

الاشتراكية الرجعية

a) Feudaler Sozialismus

أ (الاشتراكية الإقطاعية

die Aristokratien Frankreichs und Englands hatten eine einzigartige historische Stellung

كان للأرستقراطيات في فرنسا وإنجلترا موقع تاريخي فريد

es wurde zu ihrer Berufung, Pamphlete gegen die moderne Boureoisie Gesellschaft zu schreiben

أصبحت مهنتهم كتابة كتيبات ضد المجتمع البرجوازي الحديث

In der französischen Revolution vom Juli 1830 und in der englischen Reformagitation

في الثورة الفرنسية في يوليو 1830 ، وفي التحريض على الإصلاح الإنجليزي

Diese Aristokratien erlagen wieder dem hasserfüllten Emporkömmling

استسلمت هذه الأرستقراطيات مرة أخرى للمغرور البغيض

An eine ernsthafte politische Auseinandersetzung war fortan nicht mehr zu denken

من الآن فصاعدا ، كان التنافس السياسي الجاد غير وارد تماما.

Alles, was möglich blieb, war eine literarische Schlacht, keine wirkliche Schlacht

كل ما تبقى ممكنا هو معركة أدبية وليست معركة فعلية

Aber auch auf dem Gebiet der Literatur waren die alten Schreie der Restaurationszeit unmöglich geworden

ولكن حتى في مجال الأدب ، أصبحت الصرخات القديمة لفترة الاستعادة مستحيلة.

Um Sympathie zu erregen, mußte die Aristokratie offenbar ihre eigenen Interessen aus den Augen verlieren

من أجل إثارة التعاطف ، اضطرت الطبقة الأرستقراطية إلى إغفال مصالحها الخاصة ، على ما يبدو

und sie waren gezwungen, ihre Anklage gegen die Bourgeoisie im Interesse der ausgebeuteten Arbeiterklasse zu formulieren

واضطروا إلى صياغة لائحة اتهامهم ضد البرجوازية لصالح الطبقة
العاملة المستغلة

So rächte sich die Aristokratie, indem sie ihren neuen Herrn
verspottete

وهكذا انتقمت الأرستقراطية من خلال غناء السخرية على سيدهم الجديد

Und sie rächten sich, indem sie ihm unheimliche
Prophezeiungen über die kommende Katastrophe ins Ohr
flüsterten

وأخذوا ثأرهم بهمس في أذنيه نبوءات شريرة عن كارثة قادمة

So entstand der feudale Sozialismus: halb Klage, halb Spott

بهذه الطريقة نشأت الاشتراكية الإقطاعية :نصف رثاء ، نصف سخرية

Es klang halb wie ein Echo der Vergangenheit und
projizierte halb die Bedrohung der Zukunft

لقد رن كنصف صدى للماضي، وتوقع نصف تهديد للمستقبل

zuweilen traf sie durch ihre bittere, geistreiche und scharfe
Kritik die Bourgeoisie bis ins Mark

في بعض الأحيان ، من خلال نقدها المرير والبارع والقاطع ، ضربت
البرجوازية في صميم القلب

aber es war immer lächerlich in seiner Wirkung, weil es
völlig unfähig war, den Gang der neueren Geschichte zu
begreifen

لكنه كان دائما سخيفا في تأثيره ، من خلال العجز التام عن فهم مسيرة
التاريخ الحديث.

Die Aristokratie schwenkte, um das Volk um sich zu
scharen, den proletarischen Almosensack als Banner

الأرستقراطية ، من أجل حشد الناس لهم ، لوحوا بحقيبة الصدقات
البروليتارية أمام لافتة

Aber das Volk, so oft es sich zu ihnen gesellte, sah auf
seinem Hinterteil die alten Feudalwappen

لكن الناس ، في كثير من الأحيان عندما انضموا إليهم ، رأوا على
مؤخرتهم شعارات النبالة الإقطاعية القديمة.

Und sie verließen mit lautem und respektlosem Gelächter

وهجروا بضحك عال وغير موقر

Ein Teil der französischen Legitimisten und des "jungen
Englands" zeigte dieses Schauspiel

عرض قسم واحد من الشرعيين الفرنسيين و "إنجلترا الشابة" هذا المشهد

die Feudalisten wiesen darauf hin, dass ihre
Ausbeutungsweise eine andere sei als die der Bourgeoisie

أشار الإقطاعيون إلى أن طريقة استغلالهم كانت مختلفة عن طريقة
البرجوازية

Die Feudalisten vergessen, dass sie unter ganz anderen
Umständen und Bedingungen ausgebeutet haben

ينسى الإقطاعيون أنهم استغلوا في ظل ظروف وظروف مختلفة تماما

Und sie haben nicht bemerkt, dass solche Methoden der
Ausbeutung heute veraltet sind

ولم يلاحظوا أن أساليب الاستغلال هذه أصبحت الآن قديمة

Sie zeigten, dass unter ihrer Herrschaft das moderne
Proletariat nie existiert hat

لقد أظهروا أنه في ظل حكمهم ، لم تكن البروليتاريا الحديثة موجودة أبداً.

aber sie vergessen, daß die moderne Bourgeoisie der
notwendige Sprößling ihrer eigenen Gesellschaftsform ist

لكنهم ينسون أن البرجوازية الحديثة هي النسل الضروري لشكلهم الخاص
من المجتمع.

Im übrigen verbergen sie kaum den reaktionären Charakter
ihrer Kritik

أما بالنسبة للبقية، فإنهم بالكاد يخفون الطابع الرجعي لانتقاداتهم.

ihre Hauptanklage gegen die Bourgeoisie läuft auf
folgendes hinaus

إن اتهامهم الرئيسي ضد البرجوازية يرقى إلى ما يلي:

unter dem Boureoisie Regime entwickelt sich eine soziale
Klasse

في ظل النظام البرجوازي يتم تطوير طبقة اجتماعية

Diese soziale Klasse ist dazu bestimmt, die alte
Gesellschaftsordnung an der Wurzel zu zerschneiden

هذه الطبقة الاجتماعية مقدر لها أن تقطع جذورها وتتفرع من النظام القديم
للمجتمع

Womit sie die Bourgeoisie aufpeppen, ist nicht so sehr, dass
sie ein Proletariat schafft

ما يزعجون به البرجوازية ليس بقدر ما يخلق البروليتاريا.

womit sie die Bourgeoisie aufpeppen, ist mehr, dass sie ein
revolutionäres Proletariat schafft

ما يرفعون به البرجوازية هو أكثر من ذلك أنه يخلق بروليتاريا ثورية

In der politischen Praxis beteiligen sie sich daher an allen
Zwangsmaßnahmen gegen die Arbeiterklasse

في الممارسة السياسية ، لذلك ، ينضمون إلى جميع التدابير القسرية ضد
الطبقة العاملة

Und im gewöhnlichen Leben bücken sie sich, trotz ihrer
hochtrabenden Phrasen, um die goldenen Äpfel
aufzuheben, die vom Baum der Industrie fallen gelassen
wurden

وفي الحياة العادية ، على الرغم من عباراتهم العالية ، فإنهم ينحدرون
لالتقاط التفاح الذهبي الذي تم إسقاطه من شجرة الصناعة

Und sie tauschen Wahrheit, Liebe und Ehre gegen den
Handel mit Wolle, Rote-Bete-Zucker und Kartoffelbränden

وهم يقايضون الحقيقة والحب والشرف بالتجارة في الصوف وسكر
الشمندر وأرواح البطاطس

Wie der Pfarrer immer Hand in Hand mit dem Gutsherrn
gegangen ist, so ist es der klerikale Sozialismus mit dem
feudalen Sozialismus getan

كما سار القسيس جنبا إلى جنب مع المالك ، كذلك فعلت الاشتراكية
الإكليريكية مع الاشتراكية الإقطاعية

Nichts ist leichter, als der christlichen Askese einen
sozialistischen Anstrich zu geben

ليس هناك ما هو أسهل من إعطاء الزهد المسيحي مسحة اشتراكية

Hat nicht das Christentum gegen das Privateigentum, gegen
die Ehe, gegen den Staat deklamiert?

ألم تعلن المسيحية ضد الملكية الخاصة ، ضد الزواج ، ضد الدولة؟

Hat das Christentum nicht an die Stelle dieser
Nächstenliebe und Armut getreten?

ألم تبشر المسيحية بدلا من هذه الصدقة والفقر؟

Predigt das Christentum nicht den Zölibat und die Abtötung
des Fleisches, das monastische Leben und die Mutter
Kirche?

ألا تبشر المسيحية بالعزوبة وإماتة الجسد والحياة الرهبانية والكنيسة الأم؟

Der christliche Sozialismus ist nur das Weihwasser, mit dem
der Priester das Herzbrennen des Aristokraten weiht

الاشتراكية المسيحية ليست سوى الماء المقدس الذي يكرس به الكاهن
حرق قلب الأرستقراطي

b) Kleinbürgerlicher Sozialismus

ب (الاشتراكية البرجوازية الصغيرة

Die feudale Aristokratie war nicht die einzige Klasse, die von der Bourgeoisie ruiniert wurde

لم تكن الأرستقراطية الإقطاعية هي الطبقة الوحيدة التي دمرتها البرجوازية

sie war nicht die einzige Klasse, deren Existenzbedingungen in der Atmosphäre der modernen Bourgeoisie Gesellschaft schmachten und zugrunde gingen

لم تكن الطبقة الوحيدة التي كانت ظروف وجودها معلقة وهلكت في جو المجتمع البرجوازي الحديث.

Die mittelalterliche Bürgerschaft und die kleinbäuerlichen Eigentümer waren die Vorläufer des modernen Bourgeoisie

كان البرجيس في العصور الوسطى وصغار الفلاحين المالكين هم سلائف البرجوازية الحديثة

In den Ländern, die industriell und kommerziell nur wenig entwickelt sind, vegetieren diese beiden Klassen noch Seite an Seite

في تلك البلدان التي ليست سوى القليل من النمو ، صناعيا وتجاريا ، لا تزال هاتان الفئتان تزرعان جنبا إلى جنب

und in der Zwischenzeit erhebt sich die Bourgeoisie neben ihnen: industriell, kommerziell und politisch

وفي هذه الأثناء تنهض البرجوازية بجانبهم :صناعيا وتجاريا وسياسيا.

In den Ländern, in denen die moderne Zivilisation voll entwickelt ist, hat sich eine neue Klasse des Kleinbourgeoisie gebildet

في البلدان التي أصبحت فيها الحضارة الحديثة متطورة بالكامل ، تم تشكيل طبقة جديدة من البرجوازية الصغيرة

diese neue soziale Klasse schwankt zwischen Proletariat und Bourgeoisie

هذه الطبقة الاجتماعية الجديدة تتقلب بين البروليتاريا والبرجوازية

und sie erneuert sich ständig als ergänzender Teil der Bourgeoisie Gesellschaft

وهي تجدد نفسها باستمرار كجزء مكمل للمجتمع البرجوازي

Die einzelnen Glieder dieser Klasse aber werden
fortwährend in das Proletariat hinabgeschleudert

ومع ذلك ، يتم إلقاء أعضاء هذه الطبقة باستمرار في البروليتاريا

sie werden vom Proletariat durch die Einwirkung der
Konkurrenz aufgesaugt

يتم امتصاصهم من قبل البروليتاريا من خلال عمل المنافسة

In dem Maße, wie sich die moderne Industrie entwickelt,
sehen sie sogar den Augenblick herannahen, in dem sie als
eigenständiger Teil der modernen Gesellschaft völlig
verschwinden wird

مع تطور الصناعة الحديثة ، يرون حتى اللحظة التي ستختفي فيها تماما
كقسم مستقل من المجتمع الحديث.

Sie werden in der Manufaktur, in der Landwirtschaft und
im Handel durch Aufseher, Gerichtsvollzieher und Krämer
ersetzt werden

سيتم استبدالهم ، في المصنوعات والزراعة والتجارة ، من قبل المتفرجين
والمحضرين والمتاجرين

In Ländern wie Frankreich, wo die Bauern weit mehr als die
Hälfte der Bevölkerung ausmachen

في بلدان مثل فرنسا ، حيث يشكل الفلاحون أكثر بكثير من نصف السكان

es war natürlich, dass es Schriftsteller gab, die sich auf die
Seite des Proletariats gegen die Bourgeoisie stellten

كان من الطبيعي أن يكون هناك كتاب وقفوا إلى جانب البروليتاريا ضد
البرجوازية

in ihrer Kritik am Bourgeoisie Regime benutzten sie den
Maßstab des Bauern- und Kleinbourgeoisie

في نقدهم للنظام البرجوازي استخدموا معيار الفلاحين والبرجوازية
الصغيرة

Und vom Standpunkt dieser Zwischenklassen aus ergreifen
sie die Keule für die Arbeiterklasse

ومن وجهة نظر هذه الطبقات الوسيطة ، فإنهم يأخذون الهراوات للطبقة
العاملة

So entstand der Kleinbourgeoisie Sozialismus, dessen
Haupt Sismondi nicht nur in Frankreich, sondern auch in
England war

وهكذا نشأت الاشتراكية البرجوازية الصغيرة ، التي كان سيسموندي رئيسا لهذه المدرسة ، ليس فقط في فرنسا ولكن أيضا في إنجلترا.

Diese Schule des Sozialismus sezierte mit großer Schärfe die Widersprüche in den Bedingungen der modernen Produktion

لقد شرحت هذه المدرسة الاشتراكية بحدة شديدة التناقضات في ظروف الإنتاج الحديث.

Diese Schule entlarvte die heuchlerischen Entschuldigungen der Ökonomen

كشفت هذه المدرسة عن الاعتذارات المنافقة للاقتصاديين

Diese Schule bewies unwiderlegbar die verheerenden Auswirkungen der Maschinerie und der Arbeitsteilung

أثبتت هذه المدرسة ، بشكل لا جدال فيه ، الآثار الكارثية للآلات وتقسيم العمل

Es bewies die Konzentration von Kapital und Grund und Boden in wenigen Händen

أثبتت تركيز رأس المال والأرض في أيدي عدد قليل

sie bewies, wie Überproduktion zu Bourgeoisie-Krisen führt

لقد أثبت كيف يؤدي الإفراط في الإنتاج إلى أزمات البرجوازية

sie wies auf den unvermeidlichen Ruin des Kleinbourgeoisie' und der Bauern hin

وأشار إلى الخراب الحتمي للبرجوازية الصغيرة والفلاحين

das Elend des Proletariats, die Anarchie in der Produktion, die schreiende Ungleichheit in der Verteilung des Reichtums

بؤس البروليتاريا ، والفوضى في الإنتاج ، والتفاوتات المزعجة في توزيع الثروة

Er zeigte, wie das Produktionssystem den industriellen Vernichtungskrieg zwischen den Nationen führt

أظهر كيف يقود نظام الإنتاج حرب الإبادة الصناعية بين الأمم

die Auflösung der alten sittlichen Bande, der alten Familienverhältnisse, der alten Nationalitäten

انحلال الروابط الأخلاقية القديمة ، والعلاقات الأسرية القديمة ، والقوميات القديمة

In ihren positiven Zielen strebt diese Form des Sozialismus jedoch eines von zwei Dingen an

ومع ذلك ، في أهدافه الإيجابية ، يطمح هذا الشكل من الاشتراكية إلى تحقيق أحد أمرين

Entweder zielt sie darauf ab, die alten Produktions- und Tauschmittel wiederherzustellen

إما أن يهدف إلى استعادة وسائل الإنتاج والتبادل القديمة.

und mit den alten Produktionsmitteln würde sie die alten Eigentumsverhältnisse und die alte Gesellschaft wiederherstellen

ومع وسائل الإنتاج القديمة ، ستعيد علاقات الملكية القديمة والمجتمع القديم

oder sie zielt darauf ab, die modernen Produktions- und Austauschmittel in den alten Rahmen der Eigentumsverhältnisse zu zwängen

أو يهدف إلى تضييق وسائل الإنتاج الحديثة والتبادل في الإطار القديم لعلاقات الملكية

In beiden Fällen ist es sowohl reaktionär als auch utopisch

في كلتا الحالتين ، فهي رجعية وطوباوية على حد سواء

Seine letzten Worte lauten: Korporativzünfte für die Manufaktur, patriarchalische Verhältnisse in der Landwirtschaft

كلماتها الأخيرة هي: نقابات الشركات للتصنيع ، والعلاقات الأبوية في الزراعة

Schließlich, als hartnäckige historische Tatsachen alle berauschenden Wirkungen der Selbsttäuschung zerstreut hatten,

في نهاية المطاف ، عندما بددت الحقائق التاريخية العنيدة كل الآثار المسكرة لخداع الذات

diese Form des Sozialismus endete in einem elenden Anfall von Mitleid

انتهى هذا الشكل من الاشتراكية بنوبة بائسة من الشفقة

c) Deutscher oder "wahrer" Sozialismus

"ج (الاشتراكية الألمانية أو "الحقيقية

Die sozialistische und kommunistische Literatur
Frankreichs entstand unter dem Druck einer herrschenden
Bourgeoisie

نشأ الأدب الاشتراكي والشيوعي في فرنسا تحت ضغط البرجوازية في
السلطة

Und diese Literatur war der Ausdruck des Kampfes gegen
diese Macht

وكان هذا الأدب تعبيرا عن النضال ضد هذه السلطة

sie wurde in Deutschland zu einer Zeit eingeführt, als die
Bourgeoisie gerade ihren Kampf mit dem feudalen
Absolutismus begonnen hatte

تم إدخاله إلى ألمانيا في وقت كانت فيه البرجوازية قد بدأت لتوها صراعها
مع الحكم المطلق الإقطاعي

Deutsche Philosophen, Möchtegern-Philosophen und Beaux
Esprits griffen begierig zu dieser Literatur

، استولى الفلاسفة الألمان ، والفلاسفة المحتملون ، والعفريت الجميلون
بشغف على هذا الأدب

aber sie vergaßen, daß die Schriften aus Frankreich nach
Deutschland einwanderten, ohne die französischen
Gesellschaftsverhältnisse mitzubringen

لكنهم نسوا أن الكتابات هاجرت من فرنسا إلى ألمانيا دون جلب الظروف
الاجتماعية الفرنسية

Im Kontakt mit den deutschen gesellschaftlichen
Verhältnissen verlor diese französische Literatur ihre
unmittelbare praktische Bedeutung

في اتصال مع الظروف الاجتماعية الألمانية ، فقد هذا الأدب الفرنسي كل
أهميته العملية المباشرة

und die kommunistische Literatur Frankreichs nahm in
deutschen akademischen Kreisen einen rein literarischen
Aspekt an

واتخذ الأدب الشيوعي الفرنسي جانبا أدبيا بحتا في الأوساط الأكاديمية
الألمانية

So waren die Forderungen der ersten Französischen Revolution nichts anderes als die Forderungen der "praktischen Vernunft"

وهكذا ، لم تكن مطالب الثورة الفرنسية الأولى أكثر من مطالب "العقل العملي"

und die Willensäußerung der revolutionären französischen Bourgeoisie bedeutete in ihren Augen das Gesetz des reinen Willens

ونطق إرادة البرجوازية الفرنسية الثورية يدل في أعينهم على قانون الإرادة الخالصة

es bedeutete den Willen, wie er sein mußte; des wahren menschlichen Willens überhaupt

كان يدل على الإرادة كما كان لا بد أن يكون. الإرادة البشرية الحقيقية بشكل عام

Die Welt der deutschen Literaten bestand einzig und allein darin, die neuen französischen Ideen mit ihrem alten philosophischen Gewissen in Einklang zu bringen

يتألف عالم الأدباء الألمان فقط من جعل الأفكار الفرنسية الجديدة تنسجم مع ضميرهم الفلسفي القديم.

oder vielmehr, sie annektierten die französischen Ideen, ohne ihren eigenen philosophischen Standpunkt aufzugeben

أو بالأحرى ، ضموا الأفكار الفرنسية دون التخلي عن وجهة نظرهم الفلسفية الخاصة

Diese Annexion vollzog sich auf die gleiche Weise, wie man sich eine Fremdsprache aneignet, nämlich durch Übersetzung

تم هذا الضم بنفس الطريقة التي يتم بها الاستيلاء على لغة أجنبية ، أي عن طريق الترجمة

Es ist bekannt, wie die Mönche alberne Leben katholischer Heiliger über Manuskripte schrieben

من المعروف جيدا كيف كتب الرهبان حياة سخيفة للقديسين الكاثوليك على المخطوطات

die Manuskripte, auf denen die klassischen Werke des antiken Heidentums geschrieben waren

المخطوطات التي كتبت عليها الأعمال الكلاسيكية للوثنية القديمة

Die deutschen Literaten kehrten diesen Prozess mit der
profanen französischen Literatur um

عكس الأدباء الألمان هذه العملية بالأدب الفرنسي المدنس

Sie schrieben ihren philosophischen Unsinn unter das
französische Original

لقد كتبوا هراءهم الفلسفي تحت الأصل الفرنسي

Zum Beispiel schrieben sie unter der französischen Kritik an
den ökonomischen Funktionen des Geldes "Entfremdung
der Menschheit"

على سبيل المثال ، تحت النقد الفرنسي للوظائف الاقتصادية للمال ، كتبوا
"اغتراب الإنسانية"

unter die französische Kritik am Bourgeoisie Staat schrieben
sie "Entthronung der Kategorie des Generals"

"تحت النقد الفرنسي للدولة البرجوازية كتبوا "خلع فئة الجنرال

Die Einführung dieser philosophischen Phrasen hinter der
französischen Geschichtskritik nannten sie:

مقدمة هذه العبارات الفلسفية في الجزء الخلفي من الانتقادات التاريخية
الفرنسية التي أطلقوا عليها:

"Philosophie des Handelns", "Wahrer Sozialismus",
"Deutsche Sozialismuswissenschaft", "Philosophische
Grundlagen des Sozialismus" und so weiter

، "فلسفة العمل "، "الاشتراكية الحقيقية "، "علم الاشتراكية الألماني"
"الأساس الفلسفي للاشتراكية "، وما إلى ذلك"

Die französische sozialistische und kommunistische
Literatur wurde damit völlig entmannt

وهكذا تم إضعاف الأدب الاشتراكي والشيوعي الفرنسي تماما

in den Händen der deutschen Philosophen hörte sie auf, den
Kampf der einen Klasse mit der anderen auszudrücken

في أيدي الفلاسفة الألمان توقفت عن التعبير عن صراع طبقة واحدة مع
الأخرى.

und so fühlten sich die deutschen Philosophen bewußt, die
"französische Einseitigkeit" überwunden zu haben

"وهكذا شعر الفلاسفة الألمان بالوعي بأنهم تغلبوا على "الانحياز الفرنسي

Sie musste keine wahren Forderungen repräsentieren,
sondern sie repräsentierte Forderungen der Wahrheit

لم يكن من الضروري أن تمثل المتطلبات الحقيقية ، بل كانت تمثل متطلبات الحقيقة

es gab kein Interesse am Proletariat, sondern an der menschlichen Natur

لم يكن هناك اهتمام بالبروليتاريا ، بل كان هناك اهتمام بالطبيعة البشرية

das Interesse galt dem Menschen überhaupt, der keiner Klasse angehört und keine Wirklichkeit hat

كان الاهتمام بالإنسان بشكل عام ، الذي لا ينتمي إلى طبقة ، وليس له واقع

ein Mann, der nur im nebligen Reich der philosophischen Fantasie existiert

رجل موجود فقط في عالم ضبابي من الخيال الفلسفي

aber schließlich verlor auch dieser deutsche Schulsozialismus seine pedantische Unschuld

ولكن في نهاية المطاف فقدت الاشتراكية الألمانية هذه التلميذة أيضا براءتها المتحذلقة.

die deutsche Bourgeoisie und besonders die preußische Bourgeoisie kämpfte gegen die feudale Aristokratie

حاربت البرجوازية الألمانية ، وخاصة البرجوازية البروسية ضد الأرستقراطية الإقطاعية

auch die absolute Monarchie Deutschlands und Preußens wurde bekämpft

كما تم محاربة الملكية المطلقة لألمانيا وبروسيا

Und im Gegenzug wurde auch die Literatur der liberalen Bewegung ernster

وفي المقابل ، أصبحت أدبيات الحركة الليبرالية أكثر جدية

Deutschlands lang ersehnte Chance auf einen "wahren" Sozialismus wurde geboten

"تم تقديم فرصة ألمانيا التي طال انتظارها للاشتراكية "الحقيقية

die Möglichkeit, die politische Bewegung mit den sozialistischen Forderungen zu konfrontieren

فرصة مواجهة الحركة السياسية بالمطالب الاشتراكية

die Gelegenheit, die traditionellen Bannsprüche gegen den Liberalismus zu schleudern

فرصة إلقاء اللعنة التقليدية ضد الليبرالية

die Möglichkeit, die repräsentative Regierung und die Bourgeoisie Konkurrenz anzugreifen

فرصة لمهاجمة الحكومة التمثيلية والمنافسة البرجوازية

Pressefreiheit der Bourgeoisie, Bourgeoisie Gesetzgebung, Bourgeoisie Freiheit und Gleichheit

حرية الصحافة البرجوازية، التشريعات البرجوازية، الحرية والمساواة البرجوازية

All dies könnte nun in der realen Welt kritisiert werden, anstatt in der Fantasie

كل هذه الأمور يمكن الآن نقدها في العالم الحقيقي ، وليس في الخيال

Feudalaristokratie und absolute Monarchie hatten den Massen lange gepredigt

لطالما بشرت الأرستقراطية الإقطاعية والملكية المطلقة للجماهير

"Der Arbeiter hat nichts zu verlieren und er hat alles zu gewinnen"

"الرجل العامل ليس لديه ما يخسره ، ولديه كل شيء يكسبه"

auch die Bourgeoisie bewegung bot eine Chance, sich mit diesen Plattitüden auseinanderzusetzen

كما قدمت الحركة البرجوازية فرصة لمواجهة هذه التفاهات.

die französische Kritik setzte die Existenz der modernen Bourgeoisie Gesellschaft voraus

افترض النقد الفرنسي وجود مجتمع برجوازي حديث

Bourgeoisie, ökonomische Existenzbedingungen und Bourgeoisie politische Verfassung

شروط الوجود الاقتصادية البرجوازية والدستور السياسي البرجوازي

gerade die Dinge, deren Errungenschaft Gegenstand des in Deutschland anstehenden Kampfes war

الأشياء ذاتها التي كان تحقيقها موضوع النضال المعلق في ألمانيا

Deutschlands albernes Echo des Sozialismus hat diese Ziele gerade noch rechtzeitig aufgegeben

لقد تخلى صدى ألمانيا السخيف للاشتراكية عن هذه الأهداف في الوقت المناسب

Die absoluten Regierungen hatten ihre Gefolgschaft aus Pfarrern, Professoren, Landjunkern und Beamten

البلد Squires كان للحكومات المطلقة أتباعها من بارسونز والأساتذة و والمسؤولين

die damalige Regierung begegnete den deutschen Arbeiteraufständen mit Auspeitschungen und Kugeln

قابلت الحكومة في ذلك الوقت انتفاضات الطبقة العاملة الألمانية بالجلد
والرصاص

ihnen diente dieser Sozialismus als willkommene
Vogelscheuche gegen die drohende Bourgeoisie

بالنسبة لهم كانت هذه الاشتراكية بمثابة فزاعة مرحب بها ضد البرجوازية
المهددة.

und die deutsche Regierung konnte nach den bitteren
Pillen, die sie austeilte, ein süßes Dessert anbieten

وتمكنت الحكومة الألمانية من تقديم حلوى حلوة بعد الحبوب المرة التي
وزعتها

dieser "wahre" Sozialismus diente also den Regierungen als
Waffe im Kampf gegen die deutsche Bourgeoisie

وهكذا خدمت هذه الاشتراكية "الحقيقية "الحكومات كسلاح لمحاربة
البرجوازية الألمانية

und gleichzeitig repräsentierte sie direkt ein reaktionäres
Interesse; die der deutschen Philister

وفي الوقت نفسه ، مثلت بشكل مباشر مصلحة رجعية. أن من الفلسطينيين
الألمان

In Deutschland ist das Kleinbourgeoisie die wirkliche
gesellschaftliche Grundlage des bestehenden Zustandes

في ألمانيا الطبقة البرجوازية الصغيرة هي الأساس الاجتماعي الحقيقي
للحالة القائمة للأشياء.

Ein Relikt des sechzehnten Jahrhunderts, das immer wieder
in verschiedenen Formen auftaucht

من بقايا القرن السادس عشر التي كانت تظهر باستمرار تحت أشكال
مختلفة

Diese Klasse zu bewahren bedeutet, den bestehenden
Zustand in Deutschland zu bewahren

الحفاظ على هذه الطبقة هو الحفاظ على الحالة الحالية للأشياء في ألمانيا

Die industrielle und politische Vorherrschaft der
Bourgeoisie bedroht das KleinBourgeoisie mit der sicheren
Vernichtung

إن التفوق الصناعي والسياسي للبرجوازية يهدد البرجوازية الصغيرة
بتدمير معين

auf der einen Seite droht sie das Kleinbourgeoisiedurch die
Konzentration des Kapitals zu vernichten

فمن ناحية، يهدد بتدمير البرجوازية الصغيرة من خلال تركيز رأس المال.

auf der anderen Seite droht die Bourgeoisie, sie durch den
Aufstieg eines revolutionären Proletariats zu zerstören

من ناحية أخرى ، تهدد البرجوازية بتدميرها من خلال صعود البروليتاريا
الثورية

Der "wahre" Sozialismus schien diese beiden Fliegen mit
einer Klappe zu schlagen. Es breitete sich wie eine Epidemie
aus

يبدو أن الاشتراكية "الحقيقية "تقتل هذين العصفورين بحجر واحد. انتشر
مثل الوباء

Das Gewand spekulativer Spinnweben, bestickt mit Blumen
der Rhetorik, durchtränkt vom Tau kränklicher Gefühle

رداء خيوط العنكبوت المضاربة ، مطرزة بزهور الخطابة ، غارقة في
ندى المشاعر المريضة

dieses transzendentale Gewand, in das die deutschen
Sozialisten ihre traurigen "ewigen Wahrheiten" hüllten

"هذا الرداء المتسامي الذي لف فيه الاشتراكيون الألمان "حقائقهم الأبدية
المؤسفة

alle Haut und Knochen, dienten dazu, den Absatz ihrer
Waren bei einem solchen Publikum wunderbar zu
vermehren.

كل الجلد والعظام ، عملت على زيادة بيع سلعهم بشكل رائع بين مثل هذا
الجمهور

Und der deutsche Sozialismus seinerseits erkannte mehr
und mehr seine eigene Berufung

ومن جانبها ، اعترفت الاشتراكية الألمانية ، أكثر فأكثر ، بدعوتها
الخاصة.

sie war berufen, die bombastische Vertreterin des
Kleinbourgeoisie Philisters zu sein

تم استدعاؤه ليكون الممثل المنمق للبرجوازية الصغيرة الفلسطينية

Sie proklamierte die deutsche Nation als Musternation und
den deutschen Kleinphilister als Mustermann

أعلنت أن الأمة الألمانية هي الأمة النموذجية ، والفلسطيني الألماني
الصغير هو الرجل النموذجي

Jeder schurkischen Gemeinheit dieses Mustermenschen gab
sie eine verborgene, höhere, sozialistische Deutung

لكل خسة خسيسة لهذا الرجل النموذجي أعطت تفسيرا اشتراكيا خفيا وأعلى

diese höhere, sozialistische Deutung war das genaue
Gegenteil ihres wirklichen Charakters

كان هذا التفسير الاشتراكي الأعلى هو النقيض التام لطابعه الحقيقي

Sie ging so weit, sich der "brutal destruktiven" Tendenz des
Kommunismus direkt entgegenzustellen

لقد ذهب إلى أقصى حد من المعارضة المباشرة للنزعة الشيوعية "المدمرة بوحشية"

und sie proklamierte ihre höchste und unparteiische
Verachtung aller Klassenkämpfe

وأعلنت ازدراءها الأسمى والمحايد لجميع الصراعات الطبقية

Mit sehr wenigen Ausnahmen gehören alle sogenannten
sozialistischen und kommunistischen Publikationen, die
jetzt (1847) in Deutschland zirkulieren, in den Bereich dieser
üblen und entnervenden Literatur

مع استثناءات قليلة جدا ، فإن جميع المنشورات الاشتراكية والشيوعية المزعومة التي يتم تداولها الآن)1847 (في ألمانيا تنتمي إلى مجال هذا الأدب البغيض والمزعج.

2) Konservativer Sozialismus oder bürgerlicher Sozialismus
الاشتراكية المحافظة ، أو الاشتراكية البرجوازية

Ein Teil der Bourgeoisie will soziale Missstände beseitigen
جزء من البرجوازية يرغب في معالجة المظالم الاجتماعية
um den Fortbestand der Bourgeoisie Gesellschaft zu sichern
من أجل ضمان استمرار وجود المجتمع البرجوازي
Zu dieser Sektion gehören Ökonomen, Philanthropen, Menschenfreunde
ينتمي إلى هذا القسم الاقتصاديون والمحسنون والعاملون في المجال الإنساني
Verbesserer der Lage der Arbeiterklasse und Organisatoren der Wohltätigkeit
محسنو أوضاع الطبقة العاملة ومنظمو الأعمال الخيرية
Mitglieder von Gesellschaften zur Verhütung von Tierquälerei
أعضاء جمعيات منع القسوة على
Mäßigkeitsfanatiker, Loch-und-Ecken-Reformer aller erdenklichen Art
المتعصبون للاعتدال ، مصلحو الثقب والزاوية من كل نوع يمكن تخيله
Diese Form des Sozialismus ist überdies zu vollständigen Systemen ausgearbeitet worden
علاوة على ذلك ، تم تطوير هذا الشكل من الاشتراكية في أنظمة كاملة
Als Beispiel für diese Form sei Proudhons "Philosophie de la Misère" angeführt
يمكننا الاستشهاد ب "فلسفة البؤس "البرودون كمثال على هذا الشكل
Die sozialistische Bourgeoisie will alle Vorteile der modernen gesellschaftlichen Verhältnisse
البرجوازية الاشتراكية تريد كل مزايا الظروف الاجتماعية الحديثة
aber die sozialistische Bourgeoisie will nicht unbedingt die daraus resultierenden Kämpfe und Gefahren
لكن البرجوازية الاشتراكية لا تريد بالضرورة النضالات والمخاطر الناتجة
Sie wollen den bestehenden Zustand der Gesellschaft, abzüglich ihrer revolutionären und zerfallenden Elemente

إنهم يرغبون في الحالة القائمة للمجتمع ، باستثناء عناصره الثورية
والمتفككة

mit anderen Worten, sie wünschen sich eine Bourgeoisie
ohne Proletariat

وبعبارة أخرى، فإنهم يرغبون في برجوازية بدون بروليتاريا۔

Die Bourgeoisie begreift natürlich die Welt, in der sie die
höchste ist, die Beste zu sein

تتصور البرجوازية بشكل طبيعي العالم الذي يكون فيه الأفضل

und der Bourgeoisie Sozialismus entwickelt diese bequeme
Auffassung zu verschiedenen mehr oder weniger
vollständigen Systemen

والاشتراكية البرجوازية تطور هذا المفهوم المريح إلى أنظمة مختلفة أكثر
أو أقل اكتمالا

sie wünschen sich sehr, dass das Proletariat geradewegs in
das soziale Neue Jerusalem marschiert

إنهم يرغبون بشدة في أن تسير البروليتاريا مباشرة إلى القدس الجديدة
الاجتماعية

Aber in Wirklichkeit verlangt sie, dass das Proletariat
innerhalb der Grenzen der bestehenden Gesellschaft bleibt

لكنه في الواقع يتطلب من البروليتاريا أن تبقى داخل حدود المجتمع القائم۔

sie fordern das Proletariat auf, alle seine hasserfüllten Ideen
über die Bourgeoisie abzulegen

يطلبون من البروليتاريا التخلص من كل أفكارهم البغيضة المتعلقة
بالبرجوازية

es gibt eine zweite, praktischere, aber weniger systematische
Form dieses Sozialismus

هناك شكل ثان أكثر عملية ، ولكنه أقل منهجية ، لهذه الاشتراكية

Diese Form des Sozialismus versuchte, jede revolutionäre
Bewegung in den Augen der Arbeiterklasse abzuwerten

سعى هذا الشكل من الاشتراكية إلى التقليل من قيمة كل حركة ثورية في
نظر الطبقة العاملة۔

Sie argumentieren, dass keine bloße politische Reform für
sie von Vorteil sein könnte

وهم يجادلون بأن مجرد الإصلاح السياسي لا يمكن أن يكون مفيدا لهم۔

nur eine Veränderung der materiellen Existenzbedingungen
in den wirtschaftlichen Beziehungen ist von Nutzen

فقط تغيير في الظروف المادية للوجود في العلاقات الاقتصادية هي ذات
فائدة

**Wie der Kommunismus tritt auch diese Form des
Sozialismus für eine Veränderung der materiellen
Existenzbedingungen ein**

مثل الشيوعية ، يدعو هذا الشكل من الاشتراكية إلى تغيير الظروف المادية
للوجود

**Diese Form des Sozialismus bedeutet jedoch keineswegs,
dass die Bourgeoisie Produktionsverhältnisse abgeschafft
werden**

ومع ذلك ، فإن هذا الشكل من الاشتراكية لا يوحي بأي حال من الأحوال
بإلغاء علاقات الإنتاج البرجوازية.

**die Abschaffung der Bourgeoisie Produktionsverhältnisse
kann nur durch eine Revolution erreicht werden**

لا يمكن إلغاء علاقات الإنتاج البرجوازية إلا من خلال الثورة

**Doch statt einer Revolution schlägt diese Form des
Sozialismus Verwaltungsreformen vor**

ولكن بدلا من الثورة ، يقترح هذا الشكل من الاشتراكية إصلاحات إدارية

**und diese Verwaltungsreformen würden auf dem
Fortbestand dieser Beziehungen beruhen**

وستستند هذه الإصلاحات الإدارية إلى استمرار وجود هذه العلاقات

**Reformen, die in keiner Weise die Beziehungen zwischen
Kapital und Arbeit berühren**

الإصلاحات ، لذلك ، لا تؤثر بأي شكل من الأشكال على العلاقات بين
رأس المال والعمل

**im besten Fall verringern solche Reformen die Kosten und
vereinfachen die Verwaltungsarbeit der Bourgeoisie
Regierung**

في أحسن الأحوال، تقلل هذه الإصلاحات من التكلفة وتبسط العمل الإداري
للحكومة البرجوازية.

**Der Bourgeoisie Sozialismus kommt dann und nur dann
adäquat zum Ausdruck, wenn er zur bloßen Redewendung
wird**

الاشتراكية البرجوازية تصل إلى التعبير المناسب ، عندما ، وفقط عندما
تصبح مجرد شكل من أشكال الكلام

Freihandel: zum Wohle der Arbeiterklasse

التجارة الحرة :لصالح الطبقة العاملة

Schutzpflichten: zum Wohle der Arbeiterklasse

واجبات الحماية :لصالح الطبقة العاملة

Gefängnisreform: zum Wohle der Arbeiterklasse

إصلاح السجون :لصالح الطبقة العاملة

Das ist das letzte Wort und das einzig ernst gemeinte Wort des Bourgeoisie Sozialismus

هذه هي الكلمة الأخيرة والكلمة الوحيدة الجادة للاشتراكية البرجوازية.

Sie ist in dem Satz zusammengefasst: Die Bourgeoisie ist eine Bourgeoisie zum Wohle der Arbeiterklasse

تتلخص في العبارة :البرجوازية هي برجوازية لصالح الطبقة العاملة

3) Kritisch-utopischer Sozialismus und Kommunismus
الاشتراكية الطوباوية النقدية والشيوعية

Wir beziehen uns hier nicht auf jene Literatur, die den Forderungen des Proletariats immer eine Stimme gegeben hat

نحن لا نشير هنا إلى ذلك الأدب الذي أعطى دائما صوتا لمطالب البروليتاريا.

dies war in jeder großen modernen Revolution vorhanden, wie z. B. in den Schriften von Babeuf und anderen

وقد كان هذا حاضرا في كل ثورة حديثة عظيمة مثل كتابات بابوف وغيرها.

Die ersten unmittelbaren Versuche des Proletariats, seine eigenen Ziele zu erreichen, scheiterten notwendigerweise

المحاولات المباشرة الأولى للبروليتاريا لتحقيق غاياتها الخاصة فشلت بالضرورة

Diese Versuche wurden in Zeiten allgemeiner Aufregung unternommen, als die feudale Gesellschaft gestürzt wurde

جرت هذه المحاولات في أوقات الإثارة العالمية ، عندما تم الإطاحة بالمجتمع الإقطاعي

Der damals noch unterentwickelte Zustand des Proletariats führte zum Scheitern dieser Versuche

أدت حالة البروليتاريا غير المتطورة آنذاك إلى فشل تلك المحاولات

und sie scheiterten am Fehlen der wirtschaftlichen Voraussetzungen für ihre Emanzipation

وفشلوا بسبب غياب الظروف الاقتصادية لتحررها

Bedingungen, die erst noch geschaffen werden mussten und die durch die bevorstehende Epoche der Bourgeoisie allein hervorgebracht werden konnten

الظروف التي لم يتم إنتاجها بعد ، ويمكن أن تنتجها الحقبة البرجوازية الوشيكة وحدها

Die revolutionäre Literatur, die diese ersten Bewegungen des Proletariats begleitete, hatte notwendigerweise einen reaktionären Charakter

كان للأدب الثوري الذي رافق هذه الحركات الأولى للبروليتاريا بالضرورة طابع رجعي

Diese Literatur schärfte universelle Askese und soziale Nivellierung in ihrer gröbsten Form ein

غرس هذا الأدب الزهد العالمي والتسوية الاجتماعية في أكثر أشكالها فظاظة

Die sozialistischen und kommunistischen Systeme, die man eigentlich so nennt, entstehen in der frühen unentwickelten Periode

إن النظامين الاشتراكي والشيوعي ، ما يسمى بشكل صحيح ، ينبثقان إلى الوجود في أوائل الفترة غير المتطورة.

Saint-Simon, Fourier, Owen und andere beschrieben den Kampf zwischen Proletariat und Bourgeoisie (siehe Abschnitt 1)

وصف سان سيمون وفورييه وأوين وآخرون الصراع بين البروليتاريا والبرجوازية)انظر القسم 1(

Die Begründer dieser Systeme sehen in der Tat die Klassengegensätze

يرى مؤسسو هذه الأنظمة ، في الواقع ، العداوات الطبقية

Sie sehen auch das Wirken der sich zersetzenden Elemente in der herrschenden Gesellschaftsform

كما يرون عمل العناصر المتحللة ، في الشكل السائد للمجتمع

Aber das Proletariat, das noch in den Kinderschuhen steckt, bietet ihnen das Schauspiel einer Klasse ohne jede historische Initiative

لكن البروليتاريا ، التي لا تزال في مهدها ، تقدم لهم مشهد طبقة دون أي مبادرة تاريخية

Sie sehen das Schauspiel einer sozialen Klasse ohne unabhängige politische Bewegung

يرون مشهد طبقة اجتماعية بدون أي حركة سياسية مستقلة

Die Entwicklung des Klassengegensatzes hält mit der Entwicklung der Industrie Schritt

تطور العداء الطبقي يواكب تطور الصناعة

Die ökonomische Lage bietet ihnen also noch nicht die materiellen Bedingungen für die Befreiung des Proletariats

لذا فإن الوضع الاقتصادي لا يوفر لهم بعد الظروف المادية لتحرير البروليتاريا.

Sie suchen also nach einer neuen Sozialwissenschaft, nach neuen sozialen Gesetzen, die diese Bedingungen schaffen sollen

لذلك يبحثون عن علم اجتماعي جديد ، بعد قوانين اجتماعية جديدة ، من شأنها أن تخلق هذه الظروف.

historisches Handeln besteht darin, sich ihrem persönlichen erfinderischen Handeln zu beugen

العمل التاريخي هو الخضوع لعملهم الإبداعي الشخصي

Historisch geschaffene Emanzipationsbedingungen sollen phantastischen Verhältnissen weichen

شروط التحرر التي تم إنشاؤها تاريخيا هي الخضوع لظروف رائعة

und die allmähliche, spontane Klassenorganisation des Proletariats soll der Organisation der Gesellschaft weichen

والتنظيم الطبقي التدريجي والعفوي للبروليتاريا هو الخضوع لتنظيم المجتمع

die Organisation der Gesellschaft, die von diesen Erfindern eigens ersonnen wurde

تنظيم المجتمع الذي ابتكره هؤلاء المخترعون خصيصا

Die zukünftige Geschichte löst sich in ihren Augen in die Propaganda und die praktische Durchführung ihrer sozialen Pläne auf

التاريخ المستقبلي يحل نفسه ، في نظرهم ، في الدعاية والتنفيذ العملي لخططهم الاجتماعية

Bei der Ausarbeitung ihrer Pläne sind sie sich bewußt, daß sie sich in erster Linie um die Interessen der Arbeiterklasse kümmern

في صياغة خططهم ، يدركون الاهتمام بشكل رئيسي بمصالح الطبقة العاملة

Nur unter dem Gesichtspunkt, die leidendste Klasse zu sein, existiert das Proletariat für sie

فقط من وجهة نظر كونهم الطبقة الأكثر معاناة توجد البروليتاريا بالنسبة لهم

Der unentwickelte Zustand des Klassenkampfes und ihre eigene Umgebung prägen ihre Meinungen

إن الحالة غير المتطورة للصراع الطبقي ومحيطهم الخاص يعلمون آرائهم

Sozialisten dieser Art halten sich allen Klassengegensätzen weit überlegen

يعتبر الاشتراكيون من هذا النوع أنفسهم أفضل بكثير من جميع العداوات الطبقية.

Sie wollen die Lage jedes Mitglieds der Gesellschaft verbessern, auch die der Begünstigten

إنهم يريدون تحسين حالة كل فرد من أفراد المجتمع ، حتى أولئك الأكثر حظا

Daher appellieren sie gewöhnlich an die Gesellschaft als Ganzes, ohne Unterschied der Klasse

ومن ثم ، فإنهم عادة ما يناشدون المجتمع ككل ، دون تمييز طبقي

Ja, sie appellieren an die Gesellschaft als Ganzes, indem sie die herrschende Klasse bevorzugen

كلا ، إنهم يناشدون المجتمع ككل من خلال تفضيل الطبقة الحاكمة

Für sie ist alles, was es braucht, dass andere ihr System verstehen

بالنسبة لهم ، كل ما يتطلبه الأمر هو أن يفهم الآخرون نظامهم

Denn wie können die Menschen nicht erkennen, dass der bestmögliche Plan für den bestmöglichen Zustand der Gesellschaft ist?

لأنه كيف يمكن للناس أن يفشلوا في رؤية أن أفضل خطة ممكنة هي لأفضل حالة ممكنة للمجتمع؟

Daher lehnen sie jede politische und vor allem jede revolutionäre Aktion ab

ومن ثم فهم يرفضون كل عمل سياسي، وخاصة كل عمل ثوري.

Sie wollen ihre Ziele mit friedlichen Mitteln erreichen

إنهم يرغبون في تحقيق غاياتهم بالوسائل السلمية

Sie bemühen sich durch kleine Experimente, die notwendigerweise zum Scheitern verurteilt sind

إنهم يسعون ، من خلال تجارب صغيرة ، محكوم عليها بالضرورة بالفشل

und durch die Kraft des Beispiels versuchen sie, den Weg für das neue soziale Evangelium zu ebnen

وبقوة المثال يحاولون تمهيد الطريق للإنجيل الاجتماعي الجديد

Welch phantastische Bilder von der zukünftigen Gesellschaft, gemalt in einer Zeit, in der sich das Proletariat noch in einem sehr unterentwickelten Zustand befindet

هذه الصور الرائعة للمجتمع المستقبلي ، رسمت في وقت لا تزال فيه
البروليتاريا في حالة غير متطورة للغاية

und sie hat immer noch nur eine phantastische Vorstellung
von ihrer eigenen Stellung

ولا يزال لديها تصور خيالي لموقفها الخاص

aber ihre ersten instinktiven Sehnsüchte entsprechen den
Sehnsüchten des Proletariats

لكن أشواقهم الغريزية الأولى تتوافق مع تطلعات البروليتاريا

Beide sehnen sich nach einem allgemeinen Umbau der
Gesellschaft

كلاهما يتوق إلى إعادة بناء عامة للمجتمع

Aber diese sozialistischen und kommunistischen
Veröffentlichungen enthalten auch ein kritisches Element

لكن هذه المنشورات الاشتراكية والشيوعية تحتوي أيضا على عنصر
حاسم

Sie greifen jedes Prinzip der bestehenden Gesellschaft an

إنهم يهاجمون كل مبدأ من مبادئ المجتمع القائم

Daher sind sie voll von den wertvollsten Materialien für die
Aufklärung der Arbeiterklasse

ومن ثم فهي مليئة بالمواد الأكثر قيمة لتنوير الطبقة العاملة

Sie schlagen die Abschaffung der Unterscheidung zwischen
Stadt und Land und der Familie vor

يقترحون إلغاء التمييز بين المدينة والريف والأسرة

die Abschaffung des Gewerbetreibens für Rechnung von
Privatpersonen

إلغاء مزاولة الصناعات لحساب الأفراد

und die Abschaffung des Lohnsystems und die
Proklamation des sozialen Friedens

وإلغاء نظام الأجور وإعلان الوئام الاجتماعي

die Verwandlung der Funktionen des Staates in eine bloße
Aufsicht über die Produktion

تحويل وظائف الدولة إلى مجرد إشراف على الإنتاج

Alle diese Vorschläge deuten einzig und allein auf das
Verschwinden der Klassengegensätze hin

كل هذه المقترحات تشير فقط إلى اختفاء العداوات الطبقية.

Klassengegensätze waren damals gerade erst im Entstehen begriffen

كانت الخصومات الطبقية ، في ذلك الوقت ، مجرد ظهور

In diesen Veröffentlichungen werden diese Klassengegensätze nur in ihren frühesten, undeutlichen und unbestimmten Formen anerkannt

في هذه المنشورات ، يتم التعرف على هذه التناقضات الطبقية في أشكالها المبكرة وغير الواضحة وغير المحددة فقط

Diese Vorschläge haben also rein utopischen Charakter

وبالتالي ، فإن هذه المقترحات ذات طابع طوباوي بحت.

Die Bedeutung des kritisch-utopischen Sozialismus und des Kommunismus steht in einem umgekehrten Verhältnis zur historischen Entwicklung

تحمل أهمية الاشتراكية الطوباوية النقدية والشيوعية علاقة عكسية بالتطور التاريخي

Der moderne Klassenkampf wird sich entwickeln und weiter konkrete Gestalt annehmen

سوف يتطور الصراع الطبقي الحديث ويستمر في اتخاذ شكل محدد

Dieses fantastische Ansehen des Wettbewerbs wird jeden praktischen Wert verlieren

هذا الموقف الرائع من المسابقة سيفقد كل قيمة عملية

Diese phantastischen Angriffe auf die Klassengegensätze verlieren jede theoretische Rechtfertigung

هذه الهجمات الخيالية على العداوات الطبقية ستفقد كل مبرر نظري

Die Urheber dieser Systeme waren in vielerlei Hinsicht revolutionär

كان منشئو هذه الأنظمة ، في كثير من النواحي ، ثوريين

Aber ihre Jünger haben in jedem Fall bloße reaktionäre Sekten gebildet

لكن تلاميذهم شكلوا في كل حالة مجرد طوائف رجعية.

Sie halten an den ursprünglichen Ansichten ihrer Meister fest

إنهم يتمسكون بشدة بالآراء الأصلية لأسيادهم

Aber diese Anschauungen stehen im Gegensatz zur fortschreitenden geschichtlichen Entwicklung des Proletariats

لكن هذه الآراء تتعارض مع التطور التاريخي التدريجي للبروليتاريا.

Sie bemühen sich daher, und zwar konsequent, den Klassenkampf abzustumpfen

لذلك ، يسعون ، وذلك باستمرار ، إلى إخماد الصراع الطبقي

Und sie bemühen sich konsequent, die Klassengegensätze zu versöhnen

وهم يسعون باستمرار إلى التوفيق بين التناقضات الطبقية.

Noch träumen sie von der experimentellen Umsetzung ihrer gesellschaftlichen Utopien

ما زالوا يحلمون بالتحقيق التجريبي لليوتوبيا الاجتماعية الخاصة بهم

sie träumen immer noch davon, isolierte "Phalanster" zu gründen und "Heimatkolonien" zu gründen

"ما زالوا يحلمون بتأسيس "كتائب "معزولة وإنشاء "مستعمرات منزلية

sie träumen davon, eine "Kleine Ikaria" zu errichten – Duodecimo-Ausgaben des Neuen Jerusalem

يحلمون بإنشاء "إيكاريا الصغيرة "ـ طبعات ثنائية من القدس الجديدة

Und sie träumen davon, all diese Luftschlösser zu verwirklichen

ويحلمون بتحقيق كل هذه القلاع في الهواء

Sie sind gezwungen, an die Gefühle und den Geldbeutel der Bourgeoisie zu appellieren

إنهم مجبرون على مناشدة مشاعر ومحافظ البرجوازية

Nach und nach sinken sie in die Kategorie der oben dargestellten reaktionären konservativen Sozialisten

بالدرجات يغرقون في فئة الاشتراكيين المحافظين الرجعيين الموضحين أعلاه

sie unterscheiden sich von diesen nur durch systematischere Pedanterie

أنها تختلف عن هذه فقط من خلال التحذلق أكثر منهجية

und sie unterscheiden sich durch ihren fanatischen und abergläubischen Glauben an die Wunderwirkungen ihrer Sozialwissenschaft

ويختلفون بإيمانهم المتعصب والخرافي بالآثار المعجزة لعلمهم الاجتماعي.

Sie widersetzen sich daher gewaltsam jeder politischen Aktion der Arbeiterklasse

لذلك ، يعارضون بعنف جميع الإجراءات السياسية من جانب الطبقة العاملة

ein solches Handeln kann ihrer Meinung nach nur aus blindem Unglauben an das neue Evangelium resultieren

مثل هذا العمل ، وفقا لهم ، لا يمكن أن ينتج إلا عن عدم الإيمان الأعمى بالإنجيل الجديد

Die Owenisten in England und die Fourieristen in Frankreich stehen den Chartisten und den "Réformisten" entgegen

يعارض الأوينيون في إنجلترا ، والفورييه في فرنسا ، على التوالي "الشارتيين و "الإصلاحيين"

Stellung der Kommunisten zu den verschiedenen bestehenden Oppositionsparteien

موقف الشيوعيين من مختلف الأحزاب المعارضة القائمة

Abschnitt II hat die Beziehungen der Kommunisten zu den bestehenden Arbeiterparteien deutlich gemacht

وقد أوضح القسم الثاني علاقات الشيوعيين بأحزاب الطبقة العاملة القائمة.

wie die Chartisten in England und die Agrarreformer in Amerika

في إنجلترا ، والإصلاحيين الزراعيين في أمريكا Chartists مثل

Die Kommunisten kämpfen für die Erreichung der unmittelbaren Ziele

الشيوعيون يناضلون من أجل تحقيق الأهداف المباشرة

Sie kämpfen für die Durchsetzung der momentanen Interessen der Arbeiterklasse

إنهم يناضلون من أجل فرض المصالح اللحظية للطبقة العاملة

Aber in der politischen Bewegung der Gegenwart repräsentieren und kümmern sie sich auch um die Zukunft dieser Bewegung

لكن في الحركة السياسية في الوقت الحاضر ، يمثلون أيضا مستقبل تلك الحركة ويهتمون به

In Frankreich verbünden sich die Kommunisten mit den Sozialdemokraten

في فرنسا يتحالف الشيوعيون مع الاشتراكيين الديمقراطيين

und sie positionieren sich gegen die konservative und radikale Bourgeoisie

ويضعون أنفسهم ضد البرجوازية المحافظة والراديكالية

sie behalten sich jedoch das Recht vor, eine kritische Position gegenüber Phrasen und Illusionen einzunehmen, die traditionell aus der großen Revolution überliefert sind

ومع ذلك ، فإنهم يحتفظون بالحق في اتخاذ موقف نقدي فيما يتعلق بالعبارات والأوهام التي تم تسليمها تقليديا من الثورة العظيمة

In der Schweiz unterstützt man die Radikalen, ohne dabei aus den Augen zu verlieren, dass diese Partei aus antagonistischen Elementen besteht

في سويسرا يدعمون الراديكاليين ، دون إغفال حقيقة أن هذا الحزب يتكون من عناصر معادية.

teils von demokratischen Sozialisten im französischen Sinne, teils von radikaler Bourgeoisie

جزء من الاشتراكيين الديمقراطيين ، بالمعنى الفرنسي ، جزئيا من البرجوازية الراديكالية

In Polen unterstützen sie die Partei, die auf einer Agrarrevolution als Hauptbedingung für die nationale Emanzipation beharrt

في بولندا يدعمون الحزب الذي يصر على الثورة الزراعية كشرط رئيسي للتحرر الوطني.

jene Partei, die 1846 den Krakauer Aufstand angezettelt hatte

ذلك الحزب الذي حرض على تمرد كراكوف في عام 1846

In Deutschland kämpft man mit der Bourgeoisie, wenn sie revolutionär handelt

في ألمانيا يناضلون مع البرجوازية كلما تصرفت بطريقة ثورية.

gegen die absolute Monarchie, das feudale Eichhörnchen und das Kleinbourgeoisie

ضد الملكية المطلقة ، والإقطاعية الإقطاعية ، والبرجوازية الصغيرة

Aber sie hören nicht auf, der Arbeiterklasse auch nur einen Augenblick lang eine bestimmte Idee einzuflößen

لكنهم لا يتوقفون أبدا ، للحظة واحدة ، عن غرس فكرة معينة في الطبقة العاملة.

die klarste Erkenntnis des feindlichen Antagonismus zwischen Bourgeoisie und Proletariat

أوضح اعتراف ممكن بالعداء العدائي بين البرجوازية والبروليتاريا

damit die deutschen Arbeiter sofort von den ihnen zur Verfügung stehenden Waffen Gebrauch machen können

حتى يتمكن العمال الألمان على الفور من استخدام الأسلحة الموجودة تحت تصرفهم

die sozialen und politischen Bedingungen, die die Bourgeoisie mit ihrer Herrschaft notwendigerweise einführen muss

الظروف الاجتماعية والسياسية التي يجب على البرجوازية إدخالها بالضرورة جنبا إلى جنب مع تفوقها

der Sturz der reaktionären Klassen in Deutschland ist
unvermeidlich

سقوط الطبقات الرجعية في ألمانيا أمر لا مفر منه

und dann kann der Kampf gegen die Bourgeoisie selbst
sofort beginnen

ومن ثم قد تبدأ المعركة ضد البرجوازية نفسها على الفور

Die Kommunisten richten ihre Aufmerksamkeit
hauptsächlich auf Deutschland, weil dieses Land am
Vorabend einer Bourgeoisie Revolution steht

يوجه الشيوعيون انتباههم بشكل رئيسي إلى ألمانيا ، لأن هذا البلد على
أعتاب ثورة برجوازية.

eine Revolution, die unter den fortgeschritteneren
Bedingungen der europäischen Zivilisation durchgeführt
werden muss

ثورة لا بد أن تتم في ظل ظروف أكثر تقدما للحضارة الأوروبية

Und sie wird mit einem viel weiter entwickelten Proletariat
durchgeführt werden

ومن المحتم أن يتم تنفيذه مع بروليتاريا أكثر تطورا

ein Proletariat, das weiter fortgeschritten war als das
Englands im 17. und Frankreichs im 18. Jahrhundert

كانت البروليتاريا أكثر تقدما من تلك التي كانت في إنجلترا في القرن
السابع عشر ، وفرنسا في القرن الثامن عشر

und weil die Bourgeoisie Revolution in Deutschland nur das
Vorspiel zu einer unmittelbar folgenden proletarischen
Revolution sein wird

ولأن الثورة البرجوازية في ألمانيا لن تكون سوى مقدمة لثورة بروليتارية
تالية مباشرة

Kurz gesagt, die Kommunisten unterstützen überall jede
revolutionäre Bewegung gegen die bestehende soziale und
politische Ordnung der Dinge

باختصار، يدعم الشيوعيون في كل مكان كل حركة ثورية ضد النظام
الاجتماعي والسياسي القائم.

In all diesen Bewegungen rücken sie als Leitfrage die
Eigentumsfrage in den Vordergrund

، في كل هذه الحركات يجلبونها إلى الواجهة ، كسؤال رئيسي في كل منها
مسألة الملكية

unabhängig davon, wie hoch der Entwicklungsstand in diesem Land zu diesem Zeitpunkt ist

بغض النظر عن درجة تطورها في ذلك البلد في ذلك الوقت

Schließlich setzen sie sich überall für die Vereinigung und Zustimmung der demokratischen Parteien aller Länder ein

وأخيرا، فإنهم يعملون في كل مكان من أجل اتحاد واتفاق الأحزاب الديمقراطية في جميع البلدان.

Die Kommunisten verschmähen es, ihre Ansichten und Ziele zu verheimlichen

الشيوعيون يزدرون إخفاء آرائهم وأهدافهم

Sie erklären offen, dass ihre Ziele nur durch den gewaltsamen Umsturz aller bestehenden gesellschaftlichen Verhältnisse erreicht werden können

إنهم يعلنون صراحة أنه لا يمكن تحقيق غاياتهم إلا من خلال الإطاحة القسرية بجميع الظروف الاجتماعية القائمة.

Mögen die herrschenden Klassen vor einer kommunistischen Revolution zittern

دع الطبقات الحاكمة ترتجف من الثورة الشيوعية

Die Proletarier haben nichts zu verlieren als ihre Ketten

ليس لدى البروليتاريين ما يخسرونه سوى قيودهم

Sie haben eine Welt zu gewinnen

لديهم عالم للفوز به

ARBEITER ALLER LÄNDER, VEREINIGT EUCH!

أيها العمال من جميع البلدان، اتحدوا!

www.ingramcontent.com/pod-product-compliance
Lightning Source LLC
Chambersburg PA
CBHW011743020426
42333CB00024B/3005